# GOLDMANN
A R K A N A

W0041503

# Wie fließendes Wasser

## 33 Zen-Geschichten aus Korea
## erzählt von Zen-Meisterin Daehaeng

Aus dem Koreanischen von Haejin Sunim und
dem Hanmaum Zen-Zentrum Deutschland

GOLDMANN
ARKANA

Die koreanische Originalausgabe erschien 2007
im Verlag der Hanmaum Seonwon Foundation, Anyang.

Illustrationen: Seung Hyun Lim

*Umwelthinweis:*
Alle bedruckten Materialien dieses Taschenbuchs
sind chlorfrei und umweltschonend.

1. Auflage
Deutsche Erstausgabe April 2008
© 2008 der deutschsprachigen Ausgabe
Wilhelm Goldmann Verlag, München
in der Verlagsgruppe Random House GmbH
© 2007 Hanmaum Seonwon Foundation, Anyang, Korea
Redaktion: Gerhard Juckoff
WL · Herstellung: CZ
Satz: Barbara Rabus
Reproduktion: Lorenz & Zeller, Inning a. A.
Druck und Bindung: Těšínská tiskarna, a. s. Český Těšín
Printed in the Czech Republic
ISBN 978-3-442-21819-6

www.arkana-verlag.de

# Inhalt

Überlasse alles dem wahren Selbst und schau!
Das ist wahre Meditation.

## Vorwort

Ich kam zum ersten Mal nach Südkorea im November
1973. Damals war ich gerade als stellvertretender Gene-
raldirektor zur Internationalen Atombehörde der Verein-
ten Nationen nach Wien berufen und wurde gleich beauftragt, nach Südkorea zu reisen, da man dort mit dem
Aufbau der ersten Kernreaktoren begann. Als sich mein
Flugzeug Seoul näherte, wurde mir klar, dass ich über das
Land, das ich jetzt besuchte, kaum mehr wusste, als dass
es geteilt war (wie damals auch Deutschland) und dass
es einen schweren Krieg hatte erdulden müssen.

Zu jener Zeit kannte ich einen einzigen Koreaner, der
drei Jahre in meinem Universitätsinstitut in Hannover gearbeitet hatte und dann dort seinen Doktorgrad erhielt.
Jetzt empfing er mich am Flughafen, und in den nächsten
Tagen lernte ich dank der typischen Gastfreundschaft der
Koreaner noch ein paar Dutzend Menschen kennen. Wie
mein früherer Doktorand waren sie fast alle Buddhisten.
Einige von ihnen waren Physikprofessoren wie ich. Wir
diskutierten die Frage, wie weit die Wissenschaft in der

Lage wäre, auch das Wesen des Menschen mit ihren Mitteln zu erklären. Einer von ihnen meinte, dass man dazu wohl etwas anderes brauche als Physik, Chemie und Biologie. Er kenne eine berühmte buddhistische Lehrerin, die zehn Jahre lang völlig einsam in der Wildnis gelebt hätte und jetzt mehr über den Kern des Menschen, über das »Ich« wisse als irgendein Wissenschaftler. Sie lebe mit einer großen Zahl von Schülern in einem Tempel in Anyang, nicht weit von Seoul entfernt.

Dann hatte ich das große Glück, dass die Tochter eines meiner neuen Freunde als Sekretärin bei der US-Army arbeitete. Sie würde mir vielleicht als Dolmetscherin helfen können, wenn ich den Tempel in Anyang einmal besuchen wollte. Die Gelegenheit dazu ergab sich bei einer weiteren Dienstreise nach Korea im Frühjahr 1974.

Als ich bei diesem Besuch die erwähnte Dolmetscherin – sie war eine regelmäßige Besucherin des Hanmaum-Zen-Zentrums in Anyang – kennenlernte, war ich überrascht von der Ruhe und Ausgeglichenheit dieser jungen Frau. Sie meldete mich bei der Leiterin des Zentrums, der berühmten Lehrerin Daehaeng Kunsunim, an, und so stand ich an einem Vormittag ein wenig aufgeregt vor der Tür des Raumes, in dem Daehaeng Kunsunim gerade einigen Nonnen Unterweisungen gab.

Das Gefühl, das ich dann hatte, als ich ihr gegenüberstand, lässt sich schwer beschreiben. Hatten schon vorher die Dolmetscherin und die anderen Mönche und Nonnen diese eigentümliche Ruhe und Gelassenheit ausgestrahlt, so war mir jetzt sofort bewusst, dass ich mich nun an der Quelle von alledem befand. Kein äußerer Schmuck und Prunk, der sich in diesem Raum befunden hätte, trug zu der unbeschreiblichen Güte und Würde bei, die man an dieser Frau spürte. Ihre Haltung im Lotussitz war gänzlich entspannt und natürlich, ebenso ihr Sprechen, von dem ich zunächst leider nur den Klang der Stimme vernahm, das mir dann aber übersetzt wurde.

Sie begrüßte mich ganz ungezwungen und freundlich und fragte mich nach meiner Tätigkeit in Korea und auch nach meinem Zuhause in Deutschland. Bei den meisten Menschen dauert es einige Zeit, bis man sich gegenseitig ein wenig kennengelernt hat. Daehaeng Kunsunim aber scheint vom ersten Augenblick an genau zu wissen, wen sie vor sich hat, und so fühlte ich mich verstanden und innerlich irgendwie erwärmt.

Ich musste an meine Begegnungen mit sogenannten Gurus denken, die ich gelegentlich in Indien gehabt hatte. Welch ein himmelweiter Unterschied zwischen der Gespreiztheit und angemaßten Würde einiger dieser Leute und der Schlichtheit und Natürlichkeit dieser Frau. Sie ließ durch eine Nonne Obst und koreanisches Gebäck hereinbringen und für mich einen gemütlichen Sitz herrichten. Ich glaube, ich habe fast eine Stunde bei diesem ersten Besuch bei ihr zugebracht, und verließ sie in einer glücklichen, gelösten Stimmung.

In den folgenden Jahren bin ich noch mehr als dreißigmal nach Korea gereist und habe Daehaeng Kunsunim, wenn sie nicht gerade außerhalb Anyangs weilte, jedes Mal besucht. Für mich ist diese einzigartige Frau der Inbegriff des koreanischen Buddhismus geworden.

*Prof. Dr. Hellmut Glubrecht*

Gründungsdirektor des Instituts
für Solarenergieforschung Hameln-
Emmerthal ISFH

# 1.

## *Der Gelehrte und der Regent*
### 시골선비와 대원군

Ein kleiner Gelehrter vom Lande kam zum Palast von Dae-Uon Gun, dem mächtigsten Herrscher jener Zeit. Der Gelehrte, der über eine Seitenlinie mit dem Herrscher entfernt verwandt war, hegte schon lange den Wunsch, seinen berühmten Verwandten einmal direkt zu begrüßen. Einige Jahre waren ins Land gezogen, bis er die notwendigen Mittel zusammengespart hatte, aber schließlich war es so weit, und er machte sich auf in die Hauptstadt. Nach tagelangem Marsch endlich beim Palast angekommen, wurde er jedoch aufgrund seines ärmlichen Aussehens nicht zu Dae-Uon Gun vorgelassen. Stattdessen führte man ihn zum Quartier für das niedrige Gesinde und hieß ihn dort warten, bis er gerufen würde. Mehrere Tage vergingen, ohne dass etwas geschah. Trotz solcher Missachtung harrte der kleine Gelehrte geduldig aus. Unbedingt wollte er seinen großen Wunsch erfüllen und den Regenten begrüßen.

Endlich kam das Zeichen der Palastwache. Rasch ordnete der Gelehrte seine Kleider. Dann begab er sich festen Schrittes zu Dae-Uon Gun und warf sich, wie es der Sitte entsprach, dem Regenten zu Füßen. Obwohl er sich mit aller Hingabe niederwarf, schenkte ihm der Regent jedoch keinerlei Beachtung. Vielmehr unterhielt er sich mit einem Diener an seiner Seite über Palastangelegenheiten, ohne seinen von weither gekommenen Untertan auch nur einmal anzusehen. Daher warf sich der Gelehrte abermals nieder. Im gleichen Moment schrie Dae-Uon Gun ihn an: »Seht diesen Kerl hier! Er wirft sich zweimal vor mir nieder, als ob er einen Toten begrüßen würde!« Der Regent brüllte, dass die Wände erzitterten. Augenblicklich wurde es so still im Saal, dass man ein Reiskorn hätte fallen hören. Jeder der Anwesenden wusste, dass man sich nur einmal niederwarf, um einem lebenden Menschen Ehre zu erweisen, der Buddha hingegen mit drei Niederwerfungen geehrt wurde. Zwei Niederwerfungen aber galten einzig und allein dem Zweck, die Toten zu ehren.

Nun befand sich der Gelehrte in einer äußerst heiklen Situation. Die Ordnung am Hof zu stören, galt als schweres Vergehen, und mancher Unglückliche hatte ein Fehlverhalten schon mit seinem Leben bezahlt. Doch ohne in Bedrängnis zu kommen, versuchte der Gelehrte freimütig lächelnd dem Regenten sein Verhalten zu erklären: »Erlauchter Herr! Ihr schient so beschäftigt, nur deshalb habe ich mich zweimal niedergeworfen. Mit der ersten Niederwerfung wollte ich Euch begrüßen. Mit der zweiten wollte ich mich von Euch verabschieden. Warum seid Ihr so wütend auf mich?« So sprach der unscheinbare Gelehrte vom Land. »Darf ich mich nun entfernen? Mögt Ihr in Frieden leben!« Damit ging er.

Wie vor den Kopf geschlagen blieb der Regent zurück. Nach kurzem Nachdenken gab er den Befehl, den Mann zurückzuholen. Bald darauf stand der Gelehrte wieder vor dem Thron und verbeugte sich erneut. Mit blitzenden Augen musterte ihn der Regent von oben bis unten, dann fuhr er ihn lachend an: »Ho, ho, ho, du Schurke! Glaubst du wirklich, ich hätte nicht bemerkt, dass du dich zweimal verbeugt hast? Und dann besitzt du sogar die Frechheit, mich anzuschwindeln, um das Blatt für dich zu wenden ...« Prüfend schaute er dem Gelehrten in die Augen. »Wenn ich aber sehe, wie kühn und ruhig du geblieben bist, so scheinst du mir ein rechter Mann zu sein. Ein Mann, der auch etwas Großes und Aufrechtes zustande bringen könnte. Ich berufe dich zum Ausbilder meines Heeres in deiner Heimatprovinz. Bitte sei meinen Soldaten ein guter und weiser Anführer!«

❦

*Ist dieser Gelehrte nicht mutig, ist er nicht weise? Genau wie bei dem Gelehrten kann auch unsere Einsicht plötzlich hervorbrechen, und auch wir können Weisheit erlangen. Um das zu erreichen, müssen wir an unseren Ursprung glauben. Äußerlich betrachtet gibt es Mann und Frau und spielen wir unterschiedliche Rollen. In unserem Ursprung aber gibt es nicht Mann und Frau. Selbst wenn der Buddha direkt vor mir erschiene, muss ich wissen, dass im Ursprung der Buddha und ich nicht zwei sind. Dann können wir jeder Situation gelassen, kühn und ruhig entgegentreten. Wenn der Glaube an den eigenen Ursprung unerschütterlich ist, kann man alles loslassen. Wenn man alles loslässt, wird alles eins, geschieht unser Tun in Gelassenheit und fließt alles in Harmonie.*

Entschlossenheit, die vor nichts zurückweicht,
führt dich zur Weisheit.

## 2.

*Die ehrenhafte Schwiegertochter*
욕심많은 며느리

Ein Junge lebte allein mit seiner alten Mutter zusammen. Die hatte schon früh ihren Mann verloren und viele Jahre ihre ganze Kraft und Liebe der Erziehung ihres Sohnes gewidmet. Der Junge liebte und ehrte seine Mutter sehr.

Als die Zeit gekommen war, wurde von seinen Verwandten eine Frau für ihn gesucht, und er heiratete. Bald nach der Hochzeit aber stellte sich heraus, was für ein enges Herz seine Frau hatte. Sie dachte nur an ihren eigenen Vorteil und behandelte seine Mutter sehr schlecht. Wenn er draußen auf dem Feld war, ließ sie die Schwiegermutter ihre ganze Verachtung spüren und gab ihr kaum etwas zu essen. So kam es, dass die alte Frau abmagerte und unter ihrer Schwiegertochter sehr zu leiden hatte.

Dem Sohn tat es im Herzen weh, seine Mutter so leiden zu sehen. Wieder und wieder betrachtete er die Situation in seinem Inneren und suchte nach einer Lösung. Als er eines Tages aus der Stadt zurückkam, wo er seine

Ernte verkauft hatte, sagte er zu seiner Frau: »Liebling, heute auf dem Markt habe ich gesehen, wie Leute ihre Mütter verkauften. Für eine wohlgenährte und gesunde Mutter wurden mehr als eintausend Nyang bezahlt. Eintausend Nyang! Das ist wirklich viel Geld. Wie wäre es, wenn wir meine Mutter die nächsten drei Jahre mästen, um sie dann gut genährt und kräftig für gutes Geld zu verkaufen?«

Die gierige und selbstsüchtige Frau war mit dem Vorschlag sofort einverstanden. Um einen möglichst guten Preis zu erzielen, kochte sie fortan die leckersten Speisen und tat alles, was der Gesundheit der alten Frau zuträglich war. Mit ganzem Einsatz bemühte sie sich um das Wohlergehen ihrer Schwiegermutter.

Bei dieser hingebungsvollen Pflege kam die Schwiegermutter bald wieder zu Kräften. Schon nach wenigen Monaten war ihre Gesundheit wieder hergestellt. Häufig sah man sie nun mit ihrem Enkelkind auf dem Rücken spazieren gehen, und jedem, der es hören wollte, erzählte sie gerne und ausführlich, wie liebevoll sich ihre Schwiegertochter um sie kümmerte. So kamen mehr und mehr Geschichten über die Schwiegertochter in Umlauf, und im Laufe der drei Jahre verbreitete sich ihr Ruhm zunächst in der Nachbarschaft, dann über die Grenzen des Dorfs hinaus, um schließlich sogar dem Bezirksvorsteher zu Ohren zu kommen. Der war von dem, was er hörte, so beeindruckt, dass er eine Pagode errichten ließ, in deren Inschrift das Verhalten der Schwiegertochter als ein Vorbild der Selbstlosigkeit und Tugend vor allen gelobt und geehrt wurde.

Nun hatte die Schwiegertochter ihre Schwiegermutter anfangs nur aus Geldgier so hingebungsvoll gepflegt. Durch das tägliche Sorgen für einen anderen Menschen und die von Herzen kommende Dankbarkeit der Schwiegermutter waren aber in den drei Jahren ihre Gier und Selbstsucht langsam gewichen. Der Anblick der Pagode ließ die zu eng gewordene Schale ihres Herzens endgültig aufbrechen. Tränen der Reue stürzten aus ihren Augen, und sie fasste in sich den großen Entschluss, wahrhaftig zu jenem Menschen zu werden, von dem die Pagode kündete.

～∾～

*Alle Wesen kommen aus dem Ursprung. Im Ursprung sind wir mit allem verbunden und leben in Einheit. Um diesen unermesslich kostbaren Schatz in uns zu entdecken, bedarf es unserer ganzen Bemühung. Wie der Ehemann in der Geschichte müssen wir weise sein, wie seine Frau müssen wir uns mit Blut, Schweiß und Tränen bemühen. Wenn wir uns auf diese Weise einem hohen Ziel widmen, werden wir schließlich unser wahres Selbst erkennen und die grenzenlose Energie erfahren, die uns mit allem verbindet.*

Glück wird von uns selbst geschaffen;
es wird nicht von außen gegeben.

## 3.

## *Die Prüfung*
과거시험

Es war in der Zeit der Choson-Dynastie*, Koreas letztem Königreich. In der Provinz nahm ein Gelehrter Abschied von seiner Familie und machte sich auf den Weg in die Hauptstadt Hanyang, um dort an der königlichen Beamtenprüfung teilzunehmen. Nachdem er den ganzen Tag in brütender Sommerhitze marschiert war, kam er, hungrig und erhitzt, an einem Gasthaus vorbei. Da er dringend eine Rast benötigte, ging er hinein, setzte sich auf eine Bank und holte seinen Geldbeutel aus der Brusttasche, um etwas zu bestellen. In diesem Moment fiel ihm plötzlich seine Frau ein.

In den vielen Jahren, in denen er von der Prüfungsvorbereitung völlig in Anspruch genommen war, hatte sie nicht nur die Familie versorgt, sondern trotz ihrer adligen Abstammung auch in anderen Haushalten geputzt, gekocht und genäht. Ihr geringer Lohn unterhielt sowohl ihre kleinen Kinder als auch die alten Schwiegereltern.

* 1392–1910 unserer Zeitrechnung.

Obwohl der Mann immer noch nicht begreifen konnte, wie das möglich gewesen war, hatte sie es sogar geschafft, nach und nach das Reisegeld für ihn zusammenzusparen. Sie hatte unendliche Mühsal auf sich genommen, damit er an der Beamtenprüfung teilnehmen konnte, und dem Gelehrten war das wohl bewusst.

Ein Gefühl großer Dankbarkeit überkam ihn. Zugleich aber spürte er mit einem schmerzlichen Stich im Herzen das innige Bedürfnis, seine Frau um Verzeihung zu bitten. Trotz seiner größten Bemühung war er nämlich schon mehrmals bei der berüchtigten Prüfung durchgefallen, und der Gedanke, was er ihr alles aufbürdete, ließ seinen Kopf schwer nach unten sinken. »Ich mache dieses Examen doch nicht aus Selbstsucht, warum ist mein Herz nur so schwer?«, unwillkürlich wanderten seine Gedanken zu dem Punkt zurück, an dem er den Entschluss gefasst hatte, Beamter zu werden.

Zu jener Zeit war das Leben des Volkes unsagbar mühselig und leidvoll. Mehrere Jahre nacheinander war das Land von Dürren und Überschwemmungen heimgesucht worden, sodass die Menschen Hunger litten. Zudem plünderten korrupte Beamte die ihnen unterstellten Menschen, wo sie nur konnten, obwohl jene ohnehin schon um das Überleben kämpften. Im ganzen Land gab es keinen Ort, der nicht von Kummer und Wehklagen erfüllt gewesen wäre.

Das Leiden des Volkes zerriss dem Gelehrten beinahe das Herz. In seiner damaligen Position aber sah er keinerlei Möglichkeit, wie er helfen konnte. Diese Ohnmacht hatte einen festen Vorsatz in ihm reifen lassen: »Ich will Beamter werden, um dem Volk zu helfen. Als Beamter kann ich endlich etwas gegen Armut und Unrecht unternehmen. Ich muss unbedingt das Examen bestehen!«

Mit den Gedanken an seine Frau und das Leiden der Menschen gewann der Gelehrte seine Entschlossenheit zurück. Er straffte seinen Körper und richtete sich wieder auf. »Ich bin bereit, für diese Prüfung mein Leben zu geben«, dachte er, und Tränen liefen ihm über das Gesicht. In diesem Moment betrat ein ärmlich gekleideter alter Mann das Gasthaus. »Ach, meine Beine! Warum ist es heute nur so heiß?« Ächzend machte der Alte Anstalten, sich neben dem Gelehrten auf die Bank zu setzen. Der wischte rasch seine Tränen ab und machte ihm Platz. »Wohin bist du unterwegs?«, fragte ihn der Alte, und als der Gelehrte antwortete, er sei auf dem Weg zur Hauptstadt, um dort das königliche Examen abzulegen, sprach der Alte weiter: »Wenn das so ist, dann solltest du hier hineinschauen.« Mit diesen Worten gab er ihm ein altes, abgegriffenes Buch.

Als der Gelehrte aber das Buch aufschlug, sah er nur unbeschriebenes, weißes Papier. Höchst erstaunt blickte er zu dem alten Mann auf, aber der war spurlos verschwunden. Hellwach geworden wandte er sich nun erneut dem Buch zu. Obwohl kein einziges Schriftzeichen darin zu sehen war, betrachtete er in höchster Konzentration die weißen Blätter, gerade als ob er die schwierigsten Sutras studieren würde. Lange saß er regungslos so da, dann schlug er sich plötzlich auf die Schenkel: »Ach, das ist es! Es gibt nicht einmal Eines! Deshalb kann sowohl Rundes als auch Gerades geschaffen werden, und deshalb kann auch das Ganze gefüllt werden. Wenn ich dort die Mitte aufrichte, dann kann ich das Ganze bewegen!«

Sorgfältig verwahrte er das Buch und machte sich mit leichtem Herzen wieder auf den Weg. Endlich in Hanyang angekommen, begab er sich direkt an den Hof, wo die Prüfung abgenommen wurde, und setzte sich. Das Examen bestand darin, ausgehend von einem einzigen Schriftzeichen ein Gedicht zu verfassen. Für diesen Tag war das Schriftzeichen »Weiß« vorgegeben. Der Gelehrte dichtete über das, was er erkannt hatte, als er in dem Wirtshaus das Buch anschaute: das Gesetz, nach dem die Welt sich dreht. Er bestand das Examen als Bester und wurde später geheimer Gesandter des Königs.

꧁꧂

*Unreife Bohnen kann man kaum aufbrechen, aber reife Bohnen kommen schon bei einer leichten Berührung wie von selbst heraus. Weil sein Studium wie eine reife Bohne war, genügte ein leeres Blatt, um die Augen des Gelehrten zu öffnen. Wir alle sollten uns auf diese Weise üben und den geistigen Weg gehen.*

*Es gibt in der Welt zahlreiche Bücher und Worte von erleuchteten Meistern, aber wer auf seinem eigenen Weg noch nicht so weit gekommen ist, für den bleiben diese nichts als Bücher und Worte. Ein solcher Mensch kann nicht einmal das Geschriebene richtig lesen, vom Ungeschriebenen ganz zu schweigen. Wenn man die Schrift nicht richtig lesen kann, wie könnte man dann die Prüfung bestehen? Wer sich aber schon in sich selbst vertieft hat, der vermag ohne Worte den Sinn zu hören und ohne Schrift ihn zu lesen.*

## 4.

*Der Fuchs in der Grube*
구덩이에 빠진 여우

Der Fuchs wurde von einem Tiger verfolgt. Auf seiner Flucht fiel er in eine tiefe Grube. Mit seiner ganzen Kraft und Geschicklichkeit bemühte er sich, hinauszuklettern, doch alle Anstrengung war vergebens. Er war gefangen.

Unterdessen stand der Tiger am Rand der Grube und blickte auf den Fuchs. Er überlegte: »Es wäre ein Leichtes, hinabzuspringen und den Fuchs zu fressen. Aber würde ich aus der Grube auch wieder herauskommen?« Nach einer Weile ging er einfach davon und ließ den Fuchs allein zurück.

Ohne Nahrung oder Hoffnung auf Befreiung verbrachte der Fuchs mehrere Tage in der Grube. In der aussichtslosen Lage begann er, tief in sich zu blicken. Er verfiel in einen Zustand gesammelter Meditation, und plötzlich erkannte er sich selbst.

Indra, der Himmelskönig, hatte das ganze Geschehen beobachtet. Er stieg vom Himmel herab und verneigte sich tief vor dem Fuchs. Dann sprach er: »Du besitzt zwar die Gestalt eines Fuchses, doch hast du deine wahre Natur erkannt. Dein Erwachen ist höchster Ehre wert.«

Der Fuchs verstand nicht, was vor sich ging. Ärgerlich schrie er Indra an: »Was soll das Verbeugen, hole mich lieber hier heraus!« Der Himmelskönig half dem Fuchs aus der Grube und überreichte ihm einen prächtig bestickten seidenen Mantel.

Der gerettete Fuchs aber lehnte das Geschenk ab und sagte: »Schau mich an! Wofür sollte ein Fuchs wie ich einen solchen Mantel gebrauchen?«, sprach's und verschwand.

❧

*In dieser Geschichte steht der Fuchs für den Menschen, der Tiger für Wahrheit und Indra für die Erleuchtung. Um ihn das Loslassen zu lehren, jagte der Tiger den Fuchs in die Grube. Nach vielen Mühen erlangte der Fuchs die erste Stufe der Erkenntnis seines inneren Wesens.*

*Indem Indra den Fuchs so gut behandelte und ihm ein kostbares Gewand schenkte, wollte er ihm seine innere Kraft verdeutlichen und ihn dadurch ermutigen, sich in ein höheres Wesen zu verwandeln. Der Fuchs aber konnte dies nicht verstehen. Zwar hatte er sich aus einer Grube befreit, doch war er weiterhin in seinen Gewohnheiten und engen Gedanken gefangen.*

Die Gestalt währt eine kurze Jahreszeit,
das HERZ aber ist ewig.

*Selbst wer sein inneres Wesen erblickt hat, muss sich immer weiter bemühen, um ganz zu erwachen. Es ist schwer, nicht wie der Fuchs zu werden – ein Wesen, das die ersten Schritte zur Weisheit getan hat, das aber immer noch in seinen Gewohnheiten und Gedanken gefangen bleibt. Wenn du dich aber nicht von deinen Gewohnheiten und deinem Körper täuschen lässt, wirst du verstehen, dass der Tiger, der Fuchs und Indra eins sind.*

## 5.

## *Drei Hirsekörner*

좁쌀 세 톨

Einst kam ein Mönch auf seiner Wanderung an einem Feld voll reifer Hirse vorbei. Er war seit dem frühen Morgen unterwegs und hatte an diesem Tag noch nichts gegessen. In seiner Freude über das reife Korn strich er im Vorübergehen über die eine oder andere Pflanze. Da bemerkte er, dass drei Hirsekörner in seine Handfläche gefallen waren. Ohne weiter darüber nachzudenken, steckte er sie in den Mund.

Diese unbedachte Handlung kam ihn teuer zu stehen. In seinem nächsten Leben wurde er als Ochse im Haus des Hirsebauern wiedergeboren. Drei lange Jahre musste er schwerste Feldarbeit verrichten. Da er aber die Ursache für sein Schicksal kannte, nahm er die Arbeit mit freudigem Herzen auf sich.

Am Ende des dritten Jahres gab er sich dem Bauern zu erkennen. Weil der ihn immer gut behandelt hatte, erzählte er ihm, wie er als Ochse in sein Haus gekommen war und weshalb er ihm dienen musste. Aus Dankbarkeit für die liebevolle Behandlung warnte er den Bauern vor großem Unheil, das dem Dorf bevorstehe: »Am Abend des übernächsten Tages«, so sprach der Ochse, »werden fünfhundert berittene Räuber das Dorf überfallen. Wenn Ihr sie freundlich empfangt und mit reichlich Speisen bewirtet, wird Euch nichts geschehen.«

Noch nie hatte der Bauer einen Ochsen sprechen hören, und dieser Ochse sprach nicht nur, sondern sagte sogar die Zukunft voraus ... Er beschloss, seinen Worten lieber Glauben zu schenken. Unverzüglich versammelte er alle Dorfbewohner und ließ auch sie die Warnung des Ochsen hören. Nach kurzer Besprechung kamen sie überein, dem gegebenen Rat zu folgen, und begannen mit den Vorbereitungen.

Wie vorausgesagt, kamen zwei Tage später fünfhundert Räuber in das Dorf geritten. Doch mit einem solchen Empfang hatten sie nicht gerechnet. Sie wurden von den Dorfbewohnern herzlich begrüßt und fanden eine reich gedeckte Tafel vorbereitet mit einem leckeren Mahl für jeden Einzelnen von ihnen. Entgeistert steckte der Räuberhauptmann sein Schwert wieder ein und fragte: »Ihr habt uns freundlich empfangen, obwohl wir Räuber sind. Ihr bewirtet uns, obwohl wir Euch töten wollten. Und Ihr habt für jeden von uns ein Essen zubereitet. Warum macht Ihr das?« Darauf erzählten die Dorfbewohner die Geschichte vom Ochsen und den drei Hirsekörnern.

Da erschrak der Räuberhauptmann und begann über

seine eigenen Taten nachzudenken. So erging es auch den anderen Räubern. Jeder dachte bei sich: »Wenn schon drei Hirsekörner so viel Buße abverlangen, wie viel werde dann ich, der so viel Leid in seinem Leben verursacht hat, bezahlen müssen?« Die Räuber überkam große Furcht. Sie besannen sich und bereuten ihre Taten zutiefst. Ihre aufrichtige Reue führte dazu, dass sie ihr Räuberleben aufgaben und das Mönchsgelübde ablegten. Sie gründeten einen Orden, der später unter dem Namen »Orden der fünfhundert Heiligen« bekannt wurde.

～

*Ein Mönch, der wegen drei Hirsekörnern als Ochse wiedergeboren wurde, fünfhundert Räuber, die zu Heiligen werden ... viele Leute, die diese Geschichte zum ersten Mal hören, denken, sie sei erfunden, um Menschen zu gutem Verhalten zu bewegen. Natürlich wird diese Geschichte gerne zu solchen Zwecken benutzt. Dennoch entspricht alles in dieser Geschichte der Wahrheit, und auch heute noch ereignen sich vergleichbare Dinge.*

*Nichts geschieht durch Zufall. Deshalb ist unser Leben wie diese Geschichte. Eine bedeutungslos erscheinende Tat, wie drei unbedacht gegessene Hirsekörner, kann tatsächlich dazu führen, dass ein Mönch als Ochse wiedergeboren wird. Gleichzeitig ist es möglich, dass fünfhundert Räuber zu ernsthaften Schülern Buddhas werden. Alles in dieser*

*Welt, auch das scheinbar Unbedeutendste, ist miteinander verbunden und manifestiert sich in Einheit.*

> *Das Universum in einer Hand haltend,*
> *nehme ich den Himmel als Hut und schreite*
> *mit Sonne und Mond an meinem Dharma-Stab*
> *hinein in die grünen Berge.*

> *Jeder Grashalm, jedes einzelne Blatt ...*
> *ist in diesen lebenden Bergen*
> *nicht alles in allem enthalten?*

## 6.

### *Erkenntnis eines Schülers*
제자의 깨우침

In einem Kloster lebte ein verwirklichter Zen-Meister. Der Ruf seiner Weisheit hatte sich weithin verbreitet, und im Lauf der Zeit waren viele Mönche ins Kloster gekommen, um unter seiner Führung die Lehre zu praktizieren. Vom Ruhm des Meisters angezogen, besuchten aber auch immer mehr Laien das Kloster. Auf der Suche nach Erleichterung von den Bürden ihres Lebens wollten sie dort ihre Sorgen vor den Buddha bringen, Zeremonien für ihre Vorfahren abhalten, in der Meditation zu sich selbst finden oder auch einfach nur einige Stunden in der Nähe des Meisters weilen. Schließlich wimmelte das Kloster Tag für Tag nur so von Leuten, und die Mönche hatten mit der Versorgung der vielen Menschen alle Hände voll zu tun. Von früh bis spät waren sie damit beschäftigt, Essen zuzubereiten, Zeremonien abzuhalten, das Kloster sauber zu halten und die vielen anderen Aufgaben zu bewältigen, die der stetige Strom der Besucher mit sich brachte.

Nun waren viele der Mönche ursprünglich zum Kloster gekommen, um sich dort in Ruhe und Abgeschieden-

heit der Meditation zu widmen. Stattdessen aber fanden
sie kaum noch einen Augenblick Zeit für sich selbst, ge-
schweige denn für das Sitzen in Versenkung. Unzufrieden
mit dieser Situation suchte einer der Mönche eines Tages den Meister auf: »Ehrwürdiger Meister, dieser Ort ist
viel zu laut und unruhig. Hier kann man sich nicht richtig vertiefen. Ich will allein in die Berge ziehen und eine
Höhle suchen. Dort werde ich in Einsamkeit weiter praktizieren.«

Freundlich betrachtete der Meister seinen Schüler, dann sprach er mit sanfter Stimme: »Du hast recht;
du musst unbedingt tun, was du für richtig hältst. Also
gehe ruhig.« Der Meister hielt kurz inne, bevor er wei-
tersprach: »Aber gehe, ohne die Erde zu berühren. Und
trinke kein Wasser, selbst wenn du durstig bist. Baue dir
eine Hütte, aber baue sie, ohne einen einzigen Baum dafür zu fällen. Iss, wenn du Hunger hast, aber iss nichts,
was andere gesät und geerntet haben. Und wenn du dir
Kleider nähen willst, dann nur aus Stoff, der von keinem
anderen gewebt wurde ... Wenn du all dies alleine bewältigen kannst, dann geh!«

Dem Schüler verschlug es die Sprache. Wie sollte er
diese Bedingungen erfüllen? Was der Meister verlangte,
war schlechterdings unmöglich! Die Worte seines Meisters stürzten den Mönch in äußerste Verwirrung. Ohne
eine Antwort geben zu können, verbeugte er sich und

zog sich wortlos zurück. Doch obwohl seine Gedanken wie eine Horde Affen wild herumsprangen, war ihm eines klar: Er musste die Bedeutung des Gesagten herausfinden, anders konnte er unmöglich das Kloster verlassen. Also nahm er das Klosterleben wieder auf und machte sich aufs Neue an die Arbeit, die ihm zuletzt so sauer geworden war. Nach und nach aber bemerkte er eine Veränderung in sich. Ihm war, als ob des Meisters Worte allmählich in ihm zu leuchten begannen, und Wort für Wort, Satz für Satz gewahrte er, nach welchen Gesetzmäßigkeiten die Welt sich bewegt: »Ohne die Hilfe anderer Wesen vermag ich gar nichts. Alle Wesen dieser Welt helfen einander. Wir alle leben gemeinsam! Wie konnte ich nur sagen, ich wolle alleine praktizieren?«

Als der Schüler dies erkannte, war er zutiefst bewegt. Von nun an betrachtete er nichts mehr in Zweiheit. Ganz gleich, wer oder was ihm auch begegnete, betrachtete er das HERZ* des Gegenübers und sein eigenes HERZ als dasselbe, die Gestalt des Gegenübers und seine eigene als eins. Indem er die Schmerzen der anderen als seine eigenen empfand, vertiefte er sich hingebungsvoll mit allen Wesen gemeinsam in die Übung. So erlangte er schließlich Erleuchtung und befreite unzählige Leben.

---

\* Koreanisch »Maum«. Dieser Begriff, zu dem es keine deutsche Entsprechung gibt, bezeichnet das universale, mit allem verbundene Bewusstsein, vgl. *Glossar* am Ende des Buches.

*Nicht nur die Höhle in den Bergen ist eine Höhle, du selbst bist ebenso die Höhle. Der Buddha sagte: »Aus jener Höhle, die man ›Ich‹ nennt, müssen wir herauskommen, erst dann können wir uns von unseren Begrenzungen befreien.« Suche die Höhle nicht in der Ferne. Unser Körper, unsere Gedanken, wie wir leben, hier und jetzt, das ist die Höhle.*

*Was waren wir nicht alles, während wir uns in unzähligen Leben vom Mikroorganismus zum Menschen entwickelten! Wie können wir trotzdem manche Leben wertschätzen, andere dagegen verachten? Die Gestalten sind tausendfach verschieden. Das HERZ ist tausendfach verschieden. Dennoch manifestiert sich alles in harmonischer Einheit, denn alles ist gemeinsames Leben, gemeinsames HERZ, gemeinsamer Körper, gemeinsames Üben, gemeinsames Essen. Was dir auch immer in deinem Leben begegnet, welche Leiden du auch bewältigen musst: Betrachte dich immer als eins mit allem. Lass alles an deinen Ursprung los! Dann kannst du vollkommen frei vorangehen, denn alles manifestiert sich von selbst als ein großes HERZ. Dies im Alltag umzusetzen ist wahres Üben, ist wahre Meditation.*

Die Wahrheit ist nicht vom Leben getrennt.

## 7

## *Der unheimliche Traum des Generals*
이성계의 꿈

Eines Nachts träumte General Yi einen höchst merkwürdigen Traum: Über seinem Haus kreiste ein Schwarm
Krähen, und ihr »Kra, kra, kra!« erfüllte die Luft mit hei-
serem Krächzen. Gleichzeitig zersprang zu seinen Füßen
ein riesiger Glasspiegel in tausend kleine Stücke. Draußen vor dem Fenster erblühten wunderschöne Blumen,
um sofort wieder zu verwelken. Hoch im Bogen des Hof-
tors aber hing an einem Strick um den Hals eine Vogelscheuche und baumelte im Wind hin und her.

Der General erwachte mit einem äußerst unguten Gefühl. Er konnte sich nicht erinnern, jemals einen derart
dunklen, unheimlichen Traum gehabt zu haben. Über
mehrere Tage ließ ihn das Gefühl nicht los, dass dieser
Traum ein unheilvolles Omen war. Aber sosehr er sich
auch bemühte, es wollte ihm einfach nicht gelingen,
seine Bedeutung herauszufinden. Daher beschloss er,
seinen Lehrer um Rat zu fragen. Sein Lehrer aber war
Zen-Meister Muhak, ein buddhistischer Mönch, dessen
Weisheit über alle Vorstellung hinausging. Nachdem der

General den Mönch demütig begrüßt hatte, schilderte er seinen Traum und fragte ihn, was er tun könne, um das Unheil abzuwenden.

Schweigend musterte der ehrwürdige Meister das sorgenvolle Gesicht des Generals, dann brach er unvermittelt in ein herzhaftes Gelächter aus. »Ich will dir sagen, was der Traum bedeutet«, sprach er zu dem verdutzten General. »Kra ist ein uraltes Wort für den Königspalast. Der Lärm der Krähen besagt, dass du später in einem königlichen Palast leben wirst. Ein zerspringender Spiegel klingt nach den Stimmen einer großen Menschenmenge. In jedem der unzähligen kleinen Splitter aber ist dein Gesicht zu sehen. Das heißt, die Menschen verlangen nach dir als ihrem König. Dass die Blumen so rasch verwelken, bedeutet, dass dein Bemühen bald Früchte tragen wird. Die am Tor baumelnde Vogelscheuche schließlich ist ein Zeichen dafür, dass die Menschen im ganzen Land zu dir als ihrem Herrscher aufsehen werden.«

Mit wachsender Verwunderung und Erleichterung hatte General Yi zugehört. Die Worte von Meister Muhak gaben seinem Geist die Zuversicht und seinem Herzen den Frieden zurück. Später wurde General Yi zum König und Begründer der Choson-Dynastie, die mehr als fünfhundert Jahre überdauern sollte.

*Wie konnte Meister Muhak die Bedeutung des Traums her-*
*ausfinden? In seiner Deutung ließ er sich von keinerlei fes-*
*ten Vorstellungen über vermeintlich glücksbringende oder*
*unheilvolle Vorzeichen täuschen. Stattdessen ließ er alles zu*
*seinem Ursprung zurückkehren und vertraute ganz den Ge-*
*danken, die dann aus jenem Ursprung erwuchsen. Diesem*
*Beispiel sollten auch wir folgen. Selbst wenn dir im Traum*
*schreckliche Ungeheuer oder furchteinflößende Geister be-*
*gegnen, solltest du dich nicht von diesen Bildern täuschen*
*lassen. Gib sie stattdessen an den Ursprung zurück und lass*
*positive und warmherzige Gedanken in dir groß werden.*

*Träumen heißt wach sein, und Wachsein ist nichts als*
*ein Traum. Bei allen schrecklichen Dingen, die uns im*
*Traum begegnen, sollte uns eines bewusst sein: All das sind*
*wir selbst. All das ist ein Produkt unserer eigenen Gewohn-*
*heiten und Gedanken der Vergangenheit. Nichts kommt*
*von außerhalb. Alles ist eine Manifestation unseres inneren*
*Meisters. Deshalb sollten wir uns niemals von der äußeren*
*Gestalt täuschen lassen, sondern alles vertrauensvoll an*
*unseren inneren Meister zurückgeben. Durch diese Übung*
*wird sich Unheilsames in Heilsames verwandeln und dein*
*HERZ zu der Erkenntnis erwachen, dass du mit allem eins*
*bist.*

Alles loszulassen, heißt, alles erlangen zu können.
Alles erlangen zu können, heißt, alles geben zu können.

## 8

## *Wer die Bambusflöte gut spielen kann, reitet den Elefanten*
### 양을 메고가는 수행자

In Indien, lange vor unserer Zeit, wanderte einst ein frommer Hindu auf einer staubigen Landstraße. Auf seiner Schulter trug er ein Lamm, dessen Beine zusammengebunden waren, um es am Weglaufen zu hindern. Sein Ziel war der Tempel, wo er das Tier opfern wollte. In jener Zeit galt ein gesundes, kräftiges Lamm als eine der kostbarsten Opfergaben. Völlig davon eingenommen, dass er etwas besonders Wertvolles darbringen würde, ertrug er gerne das schwere Gewicht.

Noch nicht weit gekommen, war er von der Anstrengung schon in Schweiß gebadet. Auf einmal bemerkte der immer schwerfälliger laufende Mann, dass ein Mönch neben ihm herging. Ohne jede Einleitung begann der Mönch plötzlich zu sprechen: »Warum trägst du so schwer an dem Ferkel auf deiner Schulter? Brate das Ferkel doch einfach, iss es und bringe dann ein wahres Opfer dar. Schämst du dich nicht, ein Ferkel zu opfern?« Dann ging der Mönch rasch davon.

Der Mann war sprachlos. Er trug doch ein Lamm auf der Schulter! Wie kam der Mönch dazu zu sagen, es wäre ein Ferkel und er solle das Opfer für den Altar selbst verzehren? Was sollte dieses Gerede?

Da sich der Mann keinen rechten Reim darauf machen konnte, beschloss er, den Worten des Mönchs keine Beachtung zu schenken und einfach weiterzugehen. Unter der sengenden Sonne wurde ihm das Lamm auf der Schulter doppelt schwer. Dennoch schritt er nach Kräften weiter aus, fest davon überzeugt, dass er eine höchst wertvolle Gabe trage. Doch immer wenn ihm die Worte des Mönchs wieder in den Sinn kamen, spürte er eine leise Wut. »Ein Ferkel? So ein Unsinn!«

Es dauerte nicht lange, da begegnete ihm wieder ein Mönch. Der hatte den schwer atmenden Mann kaum erblickt, als er ihn auch schon ansprach: »Warum trägst du so schwer an dem Hund auf deiner Schulter? Du siehst schon ganz schwach aus. Dort unten liegt ein Dorf. Lass uns dort hingehen und den Hund essen. Du bist ein frommer Hindu. Schämst du dich nicht, einen Hund zu opfern?« Ohne eine Antwort abzuwarten, ging auch dieser Mönch eilig davon. Dieses Mal wurde der Mann richtig wütend, und er begann vor sich hin zu schimpfen: »Können sie nicht sehen, dass ich ein Lamm auf der Schulter habe? Sind die alle verrückt geworden? So ein teures Lamm! Wie können sie einfach behaupten, es sei ein Ferkel oder ein Hund? Haben die keine Augen im Kopf? Und dann wollen sie diese Kostbarkeit sogar aufessen! Außerdem verstehe ich wahrhaftig nicht, was an meiner Opfergabe Unehrenhaftes sein soll.«

Unversehens stand wieder ein Mönch vor dem immer noch wütend murrenden Mann. Mit seinem Stock berührte der Mönch den Rücken des Lamms und sagte: »Warum trägst du so schwer an dem jungen Elefanten auf deiner Schulter? Könntest du die Bambusflöte gut spielen, würdest du auf dem Elefanten reiten.« Mitleidig betrachtete der Mönch den keuchenden und schwitzenden Mann, dann ging er weiter.

Bisher war der Mann einfach nur wütend gewesen. Als er aber diese Worte hörte, fand er alles auf einmal sehr, sehr ungewöhnlich. Nachdenklich geworden, legte er das Lamm ab und setzte sich daneben. Nachdem er lange Zeit dort gesessen hatte, lachte er plötzlich befreit auf, erhob sich und löste die Kordel, welche die Beine des Lammes zusammenhielt. »Ach, jetzt verstehe ich, das war es ... Ich gehe jetzt zum Dorf, weil ich so durstig bin.« Dann wischte er sich den Schweiß von der Stirn und ging davon.

᯽

*Wir alle tragen den Ursprung, das HERZ, in uns. Dieser Ursprung ist es, der uns geschaffen hat und der uns durch endlose Zeiten hindurch unsere Entwicklung ermöglicht hat.*

*Aber wir wissen das nicht. Die Gedanken und Taten, die wir in der Zeit unserer Entwicklung angehäuft haben, werden zuerst zu Gewohnheiten und dann zu Karma. Dadurch wird unser Ursprung verdeckt. Wie der Mann in dieser Geschichte können wir dann die wahre Natur nicht mehr sehen. Es ist das Karma, das uns einmal ein Ferkel, einmal einen Hund und einmal ein Lamm sehen lässt. Genauso sehen wir auch im Gegenüber nicht die wahre Natur, sondern erkennen nur, was unser Karma uns sehen lässt.*

*Dennoch hüten wir alle dieses Karma wie einen wertvollen Schatz und weigern uns, es abzulegen. Dadurch bleibt uns nichts anderes übrig, als auf dem langen Weg schwer daran zu tragen. Wenn wir aber genauer hinschauen, können wir erkennen, dass auch das Karma aus unserem Ursprung entsteht. Gib daher das Karma dorthin zurück, wo es herkommt. Dann wird alles leichter. Das heißt: die Bambusflöte gut zu spielen und auf dem Elefanten zu reiten. Wenn man sein HERZ gut führt, das heißt, wenn man Denken, Reden und Tun rechtschaffen ausführt, dann wird all dieses rechtschaffene Tun in unseren Ursprung eingegeben und zugleich das gelöscht, was zuvor eingegeben wurde. Häufen sich solch heilsame Taten an und erkennt man schließlich, dass auch sie nicht wirklich existieren, dann erscheint das wahre Selbst.*

*Lege den Gedanken »Das mache ich« ab, wenn du eine Opfergabe darbringen oder etwas Gutes tun willst. Aus dem*

*Gedanken »Ich bin es, der das tut«, »Ich mache das« wird niemals eine heilsame Tat entstehen, wie kostbar die Gabe, wie groß der Einsatz auch sein mag. Wenn du wirklich etwas darbringen möchtest, wenn du wirklich etwas Gutes tun willst, dann überlasse zuerst alles dem eigenen Ursprung. Nur so wird dein Tun nicht als Karma angehäuft, sondern kann sich als eine wahrhaft heilsame Tat entfalten.*

## 9.

### *Der Mann, der zur Kuh wurde*
소가 된 남자

Tief in den Bergen der Provinz Gang-Uon lebte ein alter Mann mit seinem Sohn, seiner Schwiegertochter und seinen fünf Enkelkindern. Der Alte praktizierte den Dharma* aus ganzem Herzen und hatte tiefe Einsicht in die Natur der Dinge gewonnen. Seine Familie und er waren zwar arm, aber genügsam. Deshalb hatten sie niemals das Gefühl, dass ihnen etwas fehlte, sondern lebten glücklich und zufrieden. Eines Tages jedoch starb völlig unerwartet sein Sohn. Und es war noch nicht viel Zeit nach diesem Unglück verstrichen, als der alte Mann spürte, dass auch seine eigenen Tage gezählt waren.

Seine ganze Sorge galt seiner Schwiegertochter. Bald würde sie mit den Kindern völlig alleine dastehen. Ohne Hilfe eines Mannes würde sie die ganze Arbeit bewältigen und für sich und ihre fünf Kinder sorgen müssen. Dem alten Mann wurde bange ums Herz, wenn er über das schwere Los nachdachte, das ihr bevorstand. Wie

---

* Die Lehre Buddhas, siehe *Glossar* am Ende des Buches.

nur konnte er sie unterstützen? Nach langer Überlegung wusste er, was zu tun war. Er beschloss, als Kuh wiedergeboren zu werden, um ihr zu helfen.

Einige Monate nach seinem Tod wurde im Haus ein Kalb geboren. Die Schwiegertochter verstand nicht viel von Tieren. Dennoch schien ihr – ohne dass sie recht zu sagen wusste, warum – dieses Kalb ungewöhnlich klug und verständnisvoll zu sein. Und wirklich, als das Kalb zur Kuh heranwuchs, tat es nicht nur folgsam alle Feldarbeit, zu der es herangezogen wurde, sondern half auch sonst, wo immer es ihm möglich war.

Beispielsweise wurde die Schwiegertochter eines Tages auf dem Feld von einer Schlange ins Bein gebissen. Sofort schwoll das Bein so stark an, dass sie es nicht mehr beugen konnte, und am nächsten Tag begann die Wunde zu eitern. Mehrere Tage lang lag sie fast bewusstlos vor Fieber und Schmerzen in der Hütte, aber die Wunde wollte nicht heilen. Da kam die Kuh zur Hütte und schlug so lange mit dem Schwanz auf den hölzernen Boden der Veranda, bis die Frau endlich herauskroch. Dann ließ sie die Frau auf ihren Rücken kriechen und trug sie tief in die Berge zu einer verborgenen Heilquelle. Dort setzte sie sie vorsichtig ab, sodass das kranke Bein in das Wasser hineintauchte. Sofort spürte die Frau, wie ihr das heilende Wasser guttat. Innerhalb weniger Stunden ging die Schwellung zurück, und sie fühlte, wie ihre Kräfte zurückkehrten. Ohne die Hilfe der Kuh aber hätte es schlecht um sie gestanden.

Die Jahre vergingen wie im Fluge. Die Kinder wuchsen heran, und eines nach dem anderen verließ das Elternhaus. Zuletzt fand sich die Frau allein auf dem kleinen Hof zusammen mit der Kuh, die inzwischen alt und schwach geworden war. Eines Nachts hatte sie einen seltsamen Traum. Der Schwiegervater, von dem sie niemals zuvor je geträumt hatte, erschien ihr und sprach: »Ich lebe als Einsiedler in einem kleinen Tempel auf der anderen Seite des Berges. Weil ich wusste, wie schwer dein Leben sein würde, wurde ich in einer zweiten Gestalt als Kuh wiedergeboren. Wenn du mit mir dem Weg der Wahrheit folgen willst, dann komm zu dem Tempel.«

Aufgewühlt erwachte die Schwiegertochter. Ihr erster Gedanke galt der Kuh, die sie so lange treu begleitet hatte. Barfüßig rannte sie hinüber zum Stall. Als sie die Kuh tot dort fand, brach sie in Tränen aus. Wie groß war die Liebe ihres Schwiegervaters, der es auf sich genommen hatte, in Gestalt eines Tieres wiedergeboren zu werden, um ihr und den Kindern zu helfen!

Noch in der Morgendämmerung machte sie sich auf, den Tempel zu suchen, von dem der Schwiegervater im Traum gesprochen hatte. Nach mehreren Tagen erreichte sie einen kleinen Bergtempel, auf den die Beschreibung passte. Ihr Herz begann zu klopfen. Nachdem sie einge-

treten war, wurde sie von einem jungen Mönch freundlich in Empfang genommen, der dem Schwiegervater wie
aus dem Gesicht geschnitten war. Sogar das Muttermal
auf seiner Stirn war genau das gleiche wie einst bei dem
alten Mann.

⚬

*Die wahre Bedeutung des Buddhismus liegt im Alltag.
Nicht-Gelingen und Gelingen: Beides führt zur Erfüllung.
Wenn wir daran glauben, ist der Weg zur Wahrheit frei.*

*Wahrhaftige Worte, aus dem Ursprung kommende Liebe
und Gedanken: Diese Energie fließt von Herz zu Herz und
verbindet sich mit allem. Das ist Barmherzigkeit. In der
Barmherzigkeit gibt es keine Unterscheidung zwischen rein
und unrein, schuldig und unschuldig, hoch und niedrig,
besser und schlechter, Tier und Mensch.*

Willst du dich selbst wahrhaft lieben,
dann lass alle Selbstbezogenheit los.

## 10.

### *Ein Sohn mit zwei Müttern*
효성스런 김대성

Im Königreich Shilla* lebte vor mehr als tausend Jahren ein Ehepaar mit seinem erwachsenen Sohn im Dorf Morjang. Der Mann und die Frau dienten als Knechte im Hause eines Edelmannes, und daher gehörte auch der Sohn zur Dienerschaft ihres Herrn. Während der Regenzeit kam es eines Tages zu einem besonders heftigen Wolkenbruch. Der Vater ging hinaus, um nach dem Stand des Wassers auf den Reisfeldern zu sehen. Als er gerade die Dämme überprüfte, rutschte er aus, fiel in einen Bach, der zu einem reißenden kleinen Fluss angeschwollen war, und ertrank.

Der Edelmann war tief betrübt, als er von dem Unglück erfuhr, denn der Mann und seine Frau hatten ihm viele Jahre treu gedient. Als Ausdruck seiner Dankbarkeit schenkte er dem Sohn zwanzig Morgen gutes Ackerland. Das Stück Land war groß genug, um eine ganze Familie zu ernähren, und der Edelmann stellte dem Sohn anheim,

---

\* Koreanisches Reich und Herrschergeschlecht vom 1. Jahrhundert vor bis zum 10. Jahrhundert nach unserer Zeitrechnung.

sich fortan mit der Bewirtschaftung des Landes nur noch um seine eigene Familie zu kümmern. Zur großen Überraschung des Edelmanns aber blieb der Sohn weiterhin in seinen Diensten, übernahm mit großer Sorgfalt alle Pflichten des toten Vaters und kümmerte sich zudem hingebungsvoll um seine Mutter.

Es waren mehrere Monate vergangen, als ein Mönch zu ihnen kam und um eine Spende bat. Ohne einen Augenblick zu zögern, bot ihm der Sohn das ganze geschenkte Land an. Seine Mutter jedoch versuchte ihn von diesem Entschluss abzubringen. »Was soll aus deiner Zukunft werden?«, fragte sie voller Sorge, »dieses Land ist deine einzige Chance, ein besseres Leben zu führen, als es deinen Eltern vergönnt war!« Der junge Mann aber blieb standhaft: »Wir haben dieses Land erhalten, weil Vater gestorben ist. Deshalb möchte ich es für ihn spenden.« Als sie einsehen musste, dass nichts in der Welt den Sohn von seinem Entschluss abbringen konnte, willigte die Mutter ein. Sie tröstete sich mit der Hoffnung, dass das gute Herz ihres Sohns und das aus seinem Verhalten erwachsende Verdienst alles zum Guten wenden würde. Doch was geschah? Drei Tage später und völlig unerwartet verstarb der Sohn.

Der Mönch, der das Land empfangen hatte, war kein gewöhnlicher Mönch. Er war ein erleuchteter Meister, ein großer Erwachter und eins mit der sichtbaren und unsichtbaren Welt. Die Wahrhaftigkeit des jungen Mannes hatte ihn tief beeindruckt. Dieser Mensch verdiente wahrlich eine gute Zukunft, wie aber konnte er ihm dabei helfen? In seinem jetzigen Leben konnte er nicht viel für ihn tun, denn das damalige Recht besagte, dass jemand, der als Knecht geboren war, zeitlebens Knecht bleiben musste. Daher half der Mönch dem jungen Mann, sich binnen dreier Tage von seinem alten Leben und Körper zu befreien.

Zur gleichen Zeit hatte ein hoher Minister am kaiserlichen Hof einen merkwürdigen Traum. Der Minister stand schon im mittleren Alter und hatte viel erreicht in seinem Leben. Die Erfüllung seines tiefsten Herzenswunsches war ihm jedoch versagt geblieben: Seine Ehe war bislang kinderlos. Im Traum kam ein Mönch auf ihn zu und sagte: »Im Dorf Morjang ist heute ein junger Mann namens Dae-Song gestorben. Er wird bald als dein Sohn wiedergeboren werden. Erziehe ihn mit großer Sorgfalt und Liebe. Dae-Song wird zu einem großen Mann heranwachsen und viele heilsame Taten vollbringen.« Zuerst wollte der Minister dem Traum keine Beachtung schenken, zu oft waren seine Hoffnungen auf ein Kind schon enttäuscht worden. Als ihm aber drei Nächte in Folge im Traum immer wieder derselbe Mönch erschien und immer dieselben Worte sprach, wurde seine Neugier geweckt. Er schickte einen Beamten nach Morjang und ließ ihn dort Nachforschungen anstellen. Und tatsächlich, der Beamte wusste nach seiner Wiederkehr über einen jungen Mann zu berichten, der den Namen Dae-Song getragen hatte und vor Kurzem in dem genannten Dorf gestorben war.

Bald darauf wurde die Frau des Ministers schwanger, und zehn Monate später schenkte sie einem kräftigen Jungen das Leben. Zu ihrem Familiennamen, Kim, gaben sie dem Kind seinen alten Namen Dae-Song. In tiefer Dankbarkeit und mit größter Fürsorge zogen sie ihn groß, und Kim Dae-Song entwickelte sich wie vorhergesagt. Als er herangewachsen war, folgte er der Laufbahn seines Vaters und wurde später zum höchsten Minister des Königreichs Shilla. Er ließ zwei bis heute in aller Welt berühmte Tempel, Bulguk-Sa und Sokgulam, erbauen, und Shilla genoss unter seiner weisen Führung eine lange Periode des Wohlstands und Friedens.

Kim Dae-Song, der sich seiner Herkunft wohl bewusst war, empfand tiefe Dankbarkeit und Verbundenheit mit beiden Elternpaaren, die ihn aufgezogen hatten. Als es ihm möglich wurde, holte er seine alte Mutter aus Morjang zu sich an den Hof, sodass er dort für beide, seine Mutter aus dem vergangenen Leben und seine adlige Mutter aus dem jetzigen Leben, sorgen konnte. Den Bulguk-Tempel widmete er seiner jetzigen Mutter und die Sokgulam-Grotte seiner früheren Mutter.

*Unablässig verändert sich alles. Unablässig kommen und gehen die Erscheinungen, ohne auch nur für den Bruchteil einer Sekunde gleich zu bleiben. Sobald du einen Schritt machst, ist dieser Augenblick schon dahin. Dieser Augenblick ist das, was man das vergangene Leben nennt. Wer erkennt, dass wir voranschreiten, während sich alles ununterbrochen verändert, der weiß um die Bedeutung des Loslassens und Nicht-Anhaftens. Dies ist der grenzenlose, unendlich tiefe Dharma, die Wahrheit, der Weg, das Tao.*

*Meine und deine Eltern sind nicht zwei; deine Brüder und Schwestern sind meine Brüder und Schwestern. Seit unvorstellbarer Zeit leben wir gemeinsam und nehmen unablässig immer neue Rollen ein. Deine Eltern sind nicht die einzigen Eltern, die du hattest. Gibt es irgendjemanden, der nicht einst deine Mutter, dein Vater, dein Bruder oder deine Schwester war?*

## 11.

### *Dabotap und Sokgatap*

아사달과 아사녀

Das Kloster Bulguk in der Nähe von Kyongju ist ein ir-
disches Abbild von Buddhas Reinem Land. Im Herzen
von Bulguk-Sa, im Hof vor der Buddhahalle, stehen zwei
steinerne Pagoden: Dabotap, die Pagode der Tausend Juwelen, und Sokgatap, die Shakyamuni-Pagode. Ein tiefer
Frieden liegt über diesem Ort, und wer weiß, wie sie einst
entstanden sind, wird vielleicht verstehen, woher die beiden Pagoden ihre geheimnisvolle Kraft beziehen.

Mehr als tausend Jahre ist es her, als Kim Dae-Song
Erster Minister des Shilla-Reichs wurde. Seine erste be-
deutende Amtshandlung war, das verfallene Bulguk-
Kloster in Sorabol – wie Kyongju früher hieß – wieder
aufzubauen. Dabei entstand in ihm ein tiefer Wunsch:
Im inneren Hof des Klosters sollten zwei Pagoden er-
richtet werden, welche die Vollkommenheit und Tiefe
der Lehre Buddhas in vollendeter Form darstellten. Für
diese Arbeit musste ein Steinmetz gefunden werden, der
höchste künstlerische Fertigkeit, ein reines Herz und einen tiefen Glauben in sich vereinte. Doch sosehr er sich

59

auch bemühte, es gelang ihm nicht, einen solchen Mann zu finden.

Kim Dae-Song glaubte jedoch fest daran, dass alles von seinem eigenen Herzen abhing. Wenn er seinen Wunsch aufrichtig und mit voller Hingabe innerlich darbrachte, würde er bestimmt einen ebenso aufrichtigen und hingebungsvollen Steinmetz finden können. So zog er sich für hundert Tage von der Welt zurück, fastete und wandte sich tief nach innen. Obwohl er den Tempel auch zu Ehren seiner Eltern errichtete, wünschte er inständig, dass nicht nur seine Eltern, sondern alle Lebewesen Befreiung finden möchten, damit eine glückliche und friedliche Welt entstehen könnte. In dem unerschütterlichen Glauben, dass der geheimnisvollen schöpferischen Kraft seines Herzens alles möglich war, ließ er diesen seinen innigsten Wunsch dort los, wo er sich mit Buddha eins wusste.

Nach einhundert Tagen und Nächten, in der letzten Nacht seiner inneren Einkehr, erschien ihm Buddha im Traum und sagte: »Gehe in das Reich, wo einst die Paekche-Könige herrschten, und suche dort nach einem Mann mit dem Namen Asadal.«

Schon am nächsten Morgen machte sich Kim Dae-Song auf den Weg. Mit einem kleinen Rucksack auf den Schultern und einem Bambusstab in der Hand wanderte er viele Tage lang nach Südwesten, dorthin, wo früher das

Königreich Paekche gewesen war. Wo aber sollte er dort nach Asadal suchen? Ganz seiner inneren Führung vertrauend, durchstreifte er das Land, wanderte über einsame Gebirgspässe und durch wilde Wälder, überquerte reißende Bäche und breite Ströme, kam durch Weiler, Dörfer und Städte. Und jedem, dem er begegnete, stellte er dieselbe Frage, aber vergebens, keiner hatte jemals von einem Steinmetz namens Asadal gehört. So verstrichen mehrere Monate, ohne dass seine mühsame Suche Erfolg gehabt hätte.

Eines Tages, er war schon seit dem frühen Morgen in ein entlegenes Hochtal aufgestiegen, ruhte er sich erschöpft an einem Baumstamm aus, als er die Stimme einer jungen Frau vernahm: »Asadal, Liebling, das Abendessen ist fertig.« Heftig begann sein Herz zu klopfen. War es möglich, dass er am Ziel angelangt war? Mit einem Schlag war seine Müdigkeit wie weggeblasen. Er sprang auf und folgte der Richtung, aus der die Stimme gekommen war. Und tatsächlich, schon nach wenigen Schritten kam er an ein Haus, in dessen Hof zahlreiche Steinbildnisse von der Arbeit seines Besitzers zeugten.

Kim Dae-Song sammelte sich kurz, dann klopfte er an. Ein kräftiger, junger Mann von aufrechter Gestalt, mit einem ehrlichen Gesicht und leuchtenden Augen öffnete das Tor. Es war Asadal, der Steinmetz. Kim Dae-Song gab sich zu erkennen und erzählte Asadal von dem Traum, den er geträumt hatte, und von seinem Wunsch, in zwei Pagoden die Lehre Buddhas zu verherrlichen. Er endete damit, Asadal demütig und eindringlich um den Bau der Pagoden zu bitten.

Asadals Herz füllte sich mit Freude, als er das Anliegen Kim Dae-Songs vernahm. Welche Ehre war es, zum Wiederaufbau des berühmten Bulguk-Klosters beitragen zu können! Dennoch konnte er der Bitte Kim Dae-Songs nicht ohne Weiteres nachkommen. Denn zusammen mit seiner jungen Frau Asanyo hatte Asadal seinen alten Schwiegervater zu versorgen. Seine eigenen Eltern waren jung verstorben, und er liebte seinen Schwiegervater, der einst sein Lehrmeister gewesen war, wie seinen eigenen Vater. Wegen dessen hohen Alters konnte er ihn aber nicht mitnehmen. Wenn er also den Auftrag annahm und nach Sorabol ging, mussten sein Schwiegervater und auch seine junge Frau Asanyo zurückbleiben, die dann allein für den alten Vater zu sorgen hatte.

Mit gemischten Gefühlen erzählte Asadal seiner geliebten Frau von den Pagoden im Bulguk-Kloster und dem Ersuchen Kim Dae-Songs. Behutsam erwähnte er auch, dass er weit reisen und lange wegbleiben würde, wenn er den Auftrag annähme. Sie wären also eine lange Zeit voneinander getrennt. Asanyo wusste schon lange, dass ihr Mann die Fähigkeit in sich trug, etwas Großes zu schaffen. Deshalb freute sie sich von ganzem Herzen für ihn. Als sie aber bemerkte, welcher Kummer ihn bedrückte, ging sie kurz in sich und sagte dann: »Mach dir keine Sorgen, mein geliebter Mann. Ich werde mich um den Vater kümmern. Natürlich schmerzt mich die Aussicht, lange Zeit von dir getrennt zu leben, aber auch wenn diese Arbeit sehr anstrengend sein wird, denke daran, dass du die Pagoden baust, um Jahr für Jahr, Generation für Generation die Lehre Buddhas an alle weiterzugeben. Deshalb nutze diese Gelegenheit! Mit dem Bau der Pagoden kannst du nicht nur mir und unserem Vater, sondern allen Menschen einen heilsamen Dienst erweisen. Eine solche Gunst erhält man im Leben kein zweites Mal. Und wenn die Arbeit beendet ist, werden wir uns wiedersehen.«

So entschloss sich Asadal, nach Sorabol zu gehen. Als die Zeit des Abschieds gekommen war, umarmten sich Asadal und Asanyo ein letztes Mal und versprachen einander unter Tränen, dass sie sich wiedersehen würden.

In Sorabol angekommen, bearbeitete Asadal Tag für Tag hingebungsvoll die Blöcke, aus denen die Pagoden entstehen sollten. Wenn die Sehnsucht nach seiner Frau zu groß wurde, meißelte er diese innige Liebe in die Steine. Immer wieder rief er sich ihre Worte ins Gedächtnis, wonach der Bau der Pagoden eine heilsame Tat für alle Menschen werde. So ließ er mit jedem Schlag auf den Meißel das Verlangen nach Asanyo los und wünschte von ganzem Herzen, dass die Pagoden die Lehre Buddhas wahrhaftig und deutlich ausdrückten und dass durch die Pagoden das ewige Feuer in den Menschen auf immer leuchten werde.

Bei der Errichtung der Dabotab, der Pagode der Tausend Juwelen, wollte Asadal den Menschen den rechten Weg zur Befreiung weisen. Mit vier stabilen, aber fein und gut ausgearbeiteten Säulen stellte er die »Vier Wege der Errettung aller Lebewesen« dar: eine Säule für das HERZ, das anderen selbstlos gibt; eine Säule für das HERZ, das anderen Frieden schenkt; eine Säule für das HERZ, das sich bedingungslos für andere einsetzt; und eine Säule für das HERZ, das mit anderen eins ist. Auf diese vier Säulen setzte er einen anmutigen und kunstvoll verzierten Aufbau als Symbol für die wechselseitige Durchdringung von Himmel und Erde. So verdeutlichte er die Wahrheit, dass alle Dinge dieser Welt und das ganze Universum von diesen vier Tugenden getragen werden.

Bei der Errichtung der Sokgatab erschien ein strahlendes Bild der Erleuchtung vor Asadals innerem Auge. In der erhabenen Würde ihrer klaren Linien spiegelt sich sein aufrichtiger Wunsch, dass die Menschen durch die Verwirklichung der vier alles umfassenden Tugenden schließlich zur Erleuchtung gelangen mögen. Auf diese Weise erhielten die beiden Pagoden durch die reinen Herzenswünsche Asadals, die jedes selbstsüchtige Verlangen umwandelten, ihre vollkommene Gestalt.

Das ganze Universum ist eins.
Wenn du dies erkennst,
wird es dir an nichts mangeln.

*Wir dürfen das jetzige Leben als Mensch nicht einfach ver-*
*geuden, noch dürfen wir einzig auf unseren eigenen Vorteil*
*aus sein. Wie Kim Dae-Song mit großem Herzen für alle Le-*
*bewesen zwei Pagoden errichten wollte, so erfülle auch du*
*dein Herz mit einem Wunsch für alle Lebewesen. Wie Asa-*
*dal die Steine inbrünstig Stück für Stück gemeißelt hat, ver-*
*wirkliche auch du unermüdlich die Lehre Buddhas! Führst*
*du dein Leben auf diese Weise, wird es ebenso leuchten, wie*
*Dabotab und Sokgatab noch nach tausend Jahren in voll-*
*kommener Schönheit erstrahlen.*

## 12.

### *Ein Sud von Regenwürmern*

스승을 살린 제자

Der Meister eines kleinen Bergtempels war schwer erkrankt. Täglich nahmen seine Kräfte ab, und schließlich war er so schwach, dass er nicht einmal mehr sitzen konnte. Seine Schüler waren in größter Sorge. Ihr Kloster lag tief in den Bergen und verfügte kaum über weltlichen Besitz. Woher nur sollten sie die gehaltvolle, heilkräftige Nahrung nehmen, mit der ihr Meister wieder zu Kräften kommen konnte? Tagelang sannen sie darüber nach, diskutierten und zermarterten sich die Köpfe; allein sie fanden einfach kein Mittel, mit dem sie ihm helfen konnten. Weil sich der Zustand des Meisters jedoch immer weiter verschlechterte, wurden die Mönche allmählich von Mutlosigkeit befallen, und das Gefühl ihrer Ohnmacht legte sich wie eine dunkle Wolke über den ganzen Tempel.

Da kam dem jüngsten der Mönche etwas in den Sinn, was er vor langer Zeit gehört hatte. Ohne sich zu erinnern, wo und bei welcher Gelegenheit er es aufgeschnappt hatte, entsann er sich plötzlich mit aller Deutlichkeit, dass für Erkrankungen, die mit großer Schwäche einhergehen, Regenwürmer ein ausgezeichnetes Heilmittel sind.

Wie aber sollte er diese ungewöhnliche Medizin für seinen Meister bereiten? Schließlich hatte auch er wie alle buddhistischen Mönche gelobt, niemals ein Lebewesen absichtlich zu töten. Aber ungeachtet seines Gelübdes stieg nun ein starker Gedanke in ihm auf: »Wenn durch diese Medizin unser Meister so viel an Kraft zurückgewinnt, dass er wieder aufstehen kann, dann soll es mir gleich sein, ob ich lebe oder sterbe oder ob ich gar als Wurm wiedergeboren werde.« Also ging er hinaus, um Regenwürmer zu sammeln. Ins Kloster zurückgekehrt, reinigte er die Würmer sorgfältig von allem Schmutz und kochte sie dann in einem großen Topf mit Wasser.

Während er tief in sich gekehrt das Gekochte auspresste, fasste er folgenden Gedanken: »Ihr lieben Regenwürmer, aus der Not heraus habe ich euch euren Körper genommen. Aber durch euch kann der Meister gesund werden. Mein HERZ und euer HERZ sind nicht zwei. Durch dieses Opfer könnt ihr euch bestimmt in eine höhere Dimension entwickeln. Ich danke euch aus tiefstem Herzen!« Jeden Morgen und Abend brachte der Mönch eine Schale dieses Suds zu seinem Meister.

Unterdessen beobachteten die älteren Mönche das Tun ihres jüngeren Mitbruders. Als sie aber herausfanden, woraus die Brühe gemacht war, die täglich von ihrem Meister eingenommen wurde, stellten sie ihn empört zur Rede: »Was um alles in der Welt hast du getan? Wie konntest du diese Würmer töten, und noch dazu in voller Absicht? Hast du die Gebote, hast du dein Gelübde völlig vergessen? Kannst du überhaupt ermessen, welche Strafe du für diese Tat erhalten wirst?«

Der junge Mönch aber blieb völlig ruhig. »Brüder, seid nicht in Sorge. Wenn aus meiner Handlung wirklich eine Strafe erwachsen sollte, dann will ich sie gerne auf mich nehmen. Ich glaube aber ganz fest, dass dieser Sud nicht nur unserem Meister, sondern auch den Würmern helfen wird. Wie viele Tausende und Abertausende von Jahren müssen Tiere und Hungergeister sonst warten, bis ihnen die Gelegenheit zuteil wird, einem Erleuchteten als Nahrung zu dienen? War das, was ihr Sünde nennt, nicht vielleicht doch eine heilsame Tat, da es den Würmern diese Möglichkeit eröffnete? Die Regenwürmer haben sich selbst als Opfer dargebracht. Und wie der Meister sie zu sich genommen hat, sind sie mit ihm eins geworden. So können sowohl die Regenwürmer als auch der Meister gerettet werden. Denn dieser kann durch die nahrhafte Brühe wieder zu Kräften kommen, und jene haben die Möglichkeit erhalten, sich höher zu entwickeln.«

Schale für Schale nahm der Meister den ganzen Sud zu sich. Tatsächlich verbesserte sich seine Gesundheit zusehends, und es dauerte nicht lange, bis sie völlig wiederhergestellt war. Eines Morgens ließ er den jungen Mönch zu sich kommen: »Die Brühe, die du mir jeden Tag als Medizin gebracht hast, schmeckte sehr gut. Woraus hast du sie bereitet?«

»Oh, tief im Wald habe ich einen uralten Baum entdeckt. Die frisch gesprossenen Blätter dieses Baumes habe ich gesammelt und sie dann zu einem Sud eingekocht.«

Lange betrachtete der Meister seinen jungen Schüler, dann lächelte er. So konnten die Regenwürmer durch das selbstlose Opfer des jüngsten Mönchs ihre Gestalt als Würmer ablegen.

↝

*Wie sollen wir Gebote befolgen? Sollen wir ihnen allein auf der materiellen Ebene folgen, oder sollten wir uns eher darum bemühen, die Gesetze der sichtbaren Welt durch die Gesetze der unsichtbaren Welt richtig zu betrachten und dann jene Gesetze rechtschaffen auszuführen? Den geistigen und den physischen Leib nicht als getrennt anzusehen, sondern sie miteinander in Einklang zu bringen und dadurch den mittleren Weg einzuhalten; wäre das nicht die richtige Art und Weise, den Geboten Folge zu leisten?*

*Das Gebot, nicht zu töten, ist Ausdruck der Wahrheit, dass alles auf dieser Welt genauso wertvoll ist wie der eigene Leib. Sobald man erkannt hat, dass der Schmerz der anderen und der eigene Schmerz nicht voneinander getrennt sind, kann man mit dem Leben der anderen nicht mehr rücksichtslos umgehen.*

*Und dennoch ist es möglich, dass uns das Leben in Situationen führt, in denen wir töten. Wenn beispielsweise unsere alten Eltern oder unsere Kinder bei schwacher Gesundheit sind, müssen wir ihnen vielleicht Hühnersuppe oder Rinderbrühe oder das Fleisch anderer Tiere zu essen geben, um ihnen zu helfen. In einer solchen Lage solltest du alles – ohne Wenn und Aber – an das wahre Selbst loslassen! Tu dies in Nicht-Zweiheit, indem du innerlich mit dem getöteten Lebewesen sprichst: »Du und ich, wir sind nicht getrennt.« Und speichere dies in deinem HERZEN. Durch diesen Gedanken wurden zwar Leib und Gestalt des Lebewesens zerstört, ihm gleichzeitig aber aus seiner Unwissenheit herausgeholfen. Dennoch sollte man keinesfalls andere Lebewesen unbedacht töten oder essen. Das sollte man wirklich nicht tun. Und niemals, unter keinen Umständen, töte allein um des Tötens willen!*

## 13.

### *König und Schmied*

임금님과 대장장이

Einst zog ein König in einfachen Kleidern durch das Land, um zu sehen, wie sein Volk lebte. An einem kalten Wintermorgen kam er an einem kleinen Anwesen vorüber. Da hörte er, wie drinnen ein Mann leise vor sich hin murrte:

»Brrrr, ist das kalt! So ein ekelhaftes Wetter, so eine Plackerei! Und das schon seit vielen Generationen. Was für eine erbärmliche Lage. Nach oben alte Schulden begleichen, nach unten Sonnenlicht geben ... Diese Kälte ist nicht auszuhalten.« Neugierig geworden, warf der König einen Blick über die Mauer und sah einen Schmied, der kräftig einen Blasebalg trat.

»Alte Schulden nach oben begleichen? Und Sonnenlicht nach unten geben? Was bedeutet das?« Um die Kälte aus den Gliedern zu bekommen, schritt der König kräftig aus, aber was er gehört hatte, klang weiter in ihm nach. Auch nach seiner Rückkehr in den Palast ließen die Worte des Schmieds dem König keine Ruhe. Sosehr er sich auch abmühte, er konnte ihren Sinn einfach nicht erkennen. Schließlich ließ er den Schmied in den Palast kommen.

»Ich habe dich rufen lassen, weil ich dich etwas fragen möchte. Vor ein paar Tagen kam ich durch Zufall an deinem Haus vorbei und hörte, wie du vor dich hin knurrtest. Sag mir, was es bedeutet: Nach oben die alten Schulden begleichen und nach unten Sonnenlicht geben?«

Der Schmied, der nicht wusste, weshalb man ihn in den Palast gerufen hatte, kniete mit gesenktem Kopf vor dem König und zitterte am ganzen Leib. Als er die Frage des Königs hörte, atmete er erleichtert auf.

»Unsere Familie betreibt seit Generationen eine Schmiede«, sagte er, »nun führe ich die Arbeit meines Großvaters und meines Vaters fort. Unzufrieden bin ich damit nicht, obwohl es sehr anstrengend ist. Schwer ist nur, dass ich jeden Morgen in aller Frühe bei Wind und Wetter aufstehen und den Blasebalg treten muss, damit das Feuer nicht ausgeht. Erlischt die Glut, geht ein ganzer Tag verloren, denn es ist sehr mühsam, das Feuer wieder anzufachen. An jenem Morgen trat ich wie immer den Blasebalg, es war eiskalt, und ich war sehr müde. Da fragte ich mich, warum ich dies alles erdulden muss. ›Nach oben‹ – damit meine ich meine Eltern und Großeltern, für die ich sorge. Meine Dankbarkeit ihnen gegenüber kann niemals aufwiegen, dass sie mir das Leben geschenkt haben. ›Nach unten‹ – das sind meine sieben Kinder, die ich großziehe.

Sie brauchen mich, wie Bäume das Sonnenlicht benötigen. Meine Aufgabe ist es, sie stets hingebungsvoll mit Wasser und Wärme zu versorgen, damit sie gut gedeihen können. Deshalb klagte ich ›nach oben alte Schulden begleichen und nach unten Sonnenlicht geben‹.«

Mit ganzer Aufmerksamkeit hatte der König dem Schmied zugehört. Als der geendet hatte, schlug er sich plötzlich vor Freude auf die Schenkel, als hätte er eine lange vergessene, wertvolle Wahrheit wiedergefunden, und sprach:

»Jedes Wort von dir ist wahr. Ich weiß nicht, wie ich das vergessen konnte. Natürlich bin ich mit allem als eins verbunden, auch mit meinen Ahnen und meinen Nachkommen. Jedes Geschöpf dieser Welt hat seine eigene Rolle, und wir alle wirken zusammen als eins.«

Der König erkannte, dass es zwischen ihm und dem Schmied keinen Unterschied gab. Jeder Mensch musste »nach oben« seine Eltern versorgen und »nach unten« seine Kinder großziehen. Als König musste er »nach oben« seinem Land dienen und »nach unten« für das Wohlergehen seines Volkes sorgen. All sein bisheriges Tun war nicht sein persönliches Verdienst. Es war eher die selbstverständliche Erfüllung der Pflichten eines Menschen und eines Königs.

Als Zeichen seiner Dankbarkeit schenkte er dem Schmied ein großes Stück Land und Dienstboten, damit

Wenn es klein ist, klein,
wenn es groß ist, groß,
empfangend und gebend,
dieses HERZ ist Buddha.

er in Ruhe und Frieden leben konnte. Er aber bemühte sich weiter, sein Land weise zu führen, und wurde zu einem Menschen, der die Tugenden eines Königs wahrhaftig in die Tat umsetzte.

∞

*Wie viel Gutes wir auch tun, wie viele Gaben wir auch darbringen mögen, sie werden nicht zu heilsamen Taten, solange wir denken: »ICH tue es.«*

*Eine heilsame Tat wird es erst, wenn wir die Fähigkeit erlangen, die sichtbare und die unsichtbare Welt zu vereinen und mit einem Finger das ganze Universum hochzuheben. Wenn wir das schaffen, können wir mit einer Schale Reis den Hunger aller stillen, ohne dass die Schale jemals leer wird.*

*Unsere Eltern und Kinder als nicht getrennt von uns zu betrachten und sie liebevoll zu versorgen ohne den Gedanken des »Ich«: Wenn wir diese Wahrheit erkennen, dann wird die ganze Familie in Glück und Harmonie leben.*

## 14

## *Der nichtsnutzige Sohn*
### 노인과 망나니 아들

In einem kleinen Dorf lebte ein alter Mann mit seinem einzigen Sohn. Der alte Mann liebte seinen Sohn über alles und bemühte sich von ganzem Herzen, ihn gut zu erziehen. Doch leider entwickelte sich dieser zu einem rechten Taugenichts. Er führte sich als Säufer, Spieler und Raufbold auf und bereitete durch sein Verhalten dem Vater unendliche Schmerzen. Oft sah man ihn schreiend und pöbelnd durch die Gassen ziehen. Gefiel ihm etwas, so nahm er es; traf er auf Widerstand, so scheute er auch vor Gewalt nicht zurück. Er war der Schrecken des Dorfes, und der Vater wagte sich aus Scham bald nicht mehr aus dem Haus.

Dem Sohn jedoch war dies herzlich egal. Das Wohlergehen seines alten Vaters kümmerte ihn nicht im Geringsten. Doch damit nicht genug: Um seiner Spielleidenschaft nachzugehen, verpfändete er heimlich Haus und Hof und verspielte schließlich das ganze Vermögen in einer einzigen Nacht.

Dies war zu viel für den alten Mann. Außer sich vor

Wut schrie er seinen Sohn an: »Raus mit dir! Scher dich zum Teufel, und lass dich hier nie wieder blicken! Der Blitz soll dich treffen! Wenn dich doch die Pest holen würde!« Kurz darauf aber erkrankte der Sohn tatsächlich an der Pest und verstarb nach wenigen Tagen.

Der alte Mann hatte sich vom Zorn hinreißen lassen, die unbedachten Worte zu sprechen, doch sein einziges Kind war nun tot. Namenlose Trauer und Reue zerrissen sein Herz. Die Dorfbewohner hatten Mitleid mit ihm, weil er auf einen Schlag alles verloren hatte. Damit er wenigstens ein Dach über dem Kopf hatte, überließen sie ihm eine kleine Hütte, in der er schlafen konnte. Alle Tage saß der Mann vor der Hütte und schaute mit leerem Blick in die Ferne, als würde er auf seinen Sohn warten. Und immer waren seine Augen voller Tränen.

Eines Tages kam ein Mönch des Wegs und sah ihn so sitzen. Augenblicklich spürte er den unsagbaren Schmerz des alten Mannes. Da er Mitgefühl empfand, konnte er nicht einfach so vorübergehen, sondern blieb schweigend vor dem Mann stehen. Schließlich sagte er zu ihm:

»Nichts in dieser Welt geschieht zufällig; wir ernten, was wir gesät haben. In deinem Vorleben hast du das gesamte Vermögen deiner Familie verspielt und dann sogar deine eigene Frau verkauft. Alles Erdenkliche hast du getan, um deinen Eltern Schmerzen zuzufügen. Dein Vater hat unter deinen Missetaten so gelitten, dass er schließlich an gebrochenem Herzen starb. Er war es, der dir als Sohn wiedergeboren wurde. Weil du dich aber so liebevoll um deinen Sohn gekümmert hast, war das Karma, das du in jenem Leben angesammelt hast, fast schon aufgelöst. Hättest du nur noch etwas mehr Geduld bewahrt, wäre dein Sohn bald zur Vernunft gekommen.«

Nach einer kleinen Pause fuhr der Mönch fort: »Was geschehen ist, ist sehr, sehr schade, doch nun nicht mehr zu ändern. Bleibst du jetzt aber in deiner Reue und Trauer gefangen, dann hilft das weder dir noch deinem Sohn. Wenn du deinen Sohn wirklich liebst und wenn du dieses Leid wirklich beenden möchtest, dann lass alle Reue, Wut und Trauer dorthin zurückkehren, wo alles entstanden ist. Lass wieder und wieder los, bis sich die aufsteigenden Gefühle und Gedanken in deinem Herzen allmählich auflösen. Leicht ist das zwar nicht, aber es gibt keinen anderen Weg.«

Dem alten Mann liefen die Tränen die Wangen hinunter, und doch zeigte sich in seinen Augen nach langer Zeit erstmals wieder das Licht der Hoffnung. Für einen kurzen Moment trat Schweigen ein. Dann sprach der Mönch weiter: »Unser Ursprung ist immer klar und rein. Deshalb können unheilsame Bindungen in heilsame umgewandelt und alle Leiden und Qualen aufgelöst werden. Überdies ist unser Ursprung mit dem Ursprung aller Geschöpfe verbunden. Wenn du alles immer wieder an deinen Ursprung loslässt, wird sich die Dunkelheit, die sich über das Herz deines Sohnes gelegt hat, schließlich lichten. Was dein Sohn eurer karmischen Verbindung wegen erleiden musste, dass er sein Leben lang nur Böses tat und schließlich jung an einer Krankheit starb, all dies wird aufgelöst.«

Gemeinsam beteten sie für eine Wiedergeburt des Sohnes im Reinen Land Buddhas, dann grüßte der Mönch den alten Mann und zog weiter.

꒰꒱

*Nichts auf der Welt ist vorbestimmt, nichts ist unveränderlich, alles fließt ohne Unterlass. Obwohl du und dein Gegenüber sehr unter dem Karma leiden, das du durch Gedanken, Worte und Taten geschaffen hast, kann sich dieses Leiden binnen einer einzigen Sekunde auflösen. Alles hängt allein davon ab, wie du deine Gedanken veränderst.*

*Angenommen, ein Familienmitglied hat einen großen Fehler begangen, so gib alles bedingungslos an den Ursprung ab! Durch den Ursprung sind alle – Kinder, Eltern, Eheleute – miteinander verbunden. Vertraue daher alles deinem Ursprung an, mit dem festen Glauben, dass nur dort alles aufgelöst werden kann.*

*Ist zum Beispiel dein Kind von zu Hause weggelaufen und kommt dann irgendwann wieder zu dir zurück, dann fange nicht zu schimpfen an, sondern umarme es mit großer Liebe*

Befreie dein HERZ,
lass Gier, Abneigung und Dunkelheit einfach gehen!

*und Wärme. Frage, ob es hungrig war; frage, ob es eine gute Bleibe gefunden hat. Zunächst wird es dir mit eisiger Kälte begegnen. Dann umarme es mit noch größerer Liebe und übe Geduld. Nach und nach wird dein Herz das Herz des Kindes erreichen, und ihr werdet eins. In Zukunft wird das Kind dann nicht mehr den falschen Weg wählen. So findet die Familie Harmonie in dem einen gemeinsamen HERZEN, und diese Harmonie ruft das Glück herbei.*

## 15.

### General und Buddha
왜장과 돌부처

Während des Imdschin-Krieges* marschierte die japanische Armee in Korea ein. Weil sich Japan schon früh westlichen Einflüssen geöffnet hatte, war seine Armee bereits mit Schusswaffen ausgerüstet, während die Koreaner noch mit Pfeil und Bogen kämpften. So stießen die Japaner auf keine nennenswerte Gegenwehr und eroberten in kurzer Zeit den südlichen Teil des Landes. Um auch den Rest der koreanischen Halbinsel unter ihre Kontrolle zu bringen, bildeten sie ein großes Heer, das sich nach Norden in Bewegung setzte.

Rasch kam der wohlgeordnete Zug voran; niemand wagte es, sich den übermächtigen Eroberern entgegenzustellen. Nach einigen Tagen aber geriet der Marsch plötzlich ins Stocken. Ursache war ein unerklärlicher Halt der Kavallerie, die den Zug anführte. Als wären die Hufe am Boden festgeklebt, vermochten die Pferde von einer Sekunde zur nächsten ihre Hinterbeine nicht mehr zu be-

* Krieg zwischen Japan und Korea 1592 bis 1598.

wegen. Da das Fußvolk weiter nachrückte, vermischten sich Fußsoldaten und Reiter, es gab Gedränge und Geschiebe, Befehle wurden gebrüllt, Pferde wieherten; innerhalb kürzester Zeit geriet die ganze Marschordnung in ein heilloses Durcheinander. Der japanische General tobte und schrie. Schließlich befahl er seinen Leuten: »Findet sofort heraus, was hier los ist, sonst rollen die Köpfe!«

Die Soldaten strömten in alle Richtungen aus und durchsuchten die Gegend. Aber alles, was sie finden konnten, war ein unscheinbarer Mönch, der in einem alten verfallenen Tempel die Moktak* schlug. Sie versuchten, ihn herauszuzerren und zum General zu bringen. Doch selbst unter Aufbietung all ihrer Kräfte vermochten die Soldaten den Mönch nicht einmal eine Handbreit zu bewegen. Ohne von der Aufregung um ihn herum Notiz zu nehmen, saß der Mönch völlig ungerührt und schlug in gleichmäßigem Rhythmus weiter die Moktak.

Nachdem der General ihren Bericht gehört hatte, war er fest davon überzeugt, die Ursache des Problems gefunden zu haben. Alle Menschen in dieser Gegend waren längst vor seinen Truppen geflohen; allein dieser Mönch saß noch in dem Tempel und schlug die Moktak. Bestimmt setzte der Mönch übernatürliche Kräfte ein, um die Armee aufzuhalten.

* Hölzernes Schlaginstrument zur Begleitung der Sutra-Rezitation.

Schnurstracks begab sich der General selbst zu dem alten Tempel. Wie es ihm beschrieben worden war, saß in der Dharmahalle ein schäbig gekleideter und ziemlich einfältig dreinschauender Mönch und schlug unbeirrt die Moktak. Ohne seine schmutzigen Stiefel abzulegen, stampfte der General in den Raum, zog sein Schwert und schlug dem Mönch mit der flachen Seite der Klinge derb auf den Rücken.

Mit einem Lächeln wandte sich der Mönch dem General zu und fragte gleichmütig: »Warum tut Ihr das?«

»Hast du keine Angst? Bist du wirklich so ahnungslos, wie du vorgibst? Gestehe endlich, du hast deine übernatürlichen Kräfte eingesetzt!« Der General kochte vor Wut.

Mit großer Ruhe antwortete der Mönch leise: »Ich kenne nur diese Moktak.«

Da ergriff der General den Mönch, zerrte ihn hinaus und brüllte: »Wenn hier deine übernatürlichen Kräfte nicht im Spiel sind, weshalb bewegen sich dann unsere Pferde plötzlich nicht mehr? Wenn du mich weiterhin behinderst, dann geht es dir an den Kragen! Keiner wird mich aufhalten!«

Immer noch lächelnd entgegnete der Mönch: »Ihr tötet unschuldige Menschen! Deshalb schritt Buddha ein und hinderte Euch daran, weiter zu töten.« Auf diese Worte hin geriet der General in Raserei. »Buddha, was für ein Buddha? Auch Buddha wird mich nicht aufhalten. Wenn ich einen Buddha sehen sollte, der mich aufhalten will, dann werde ich ihn töten! Hört alle her!« Mit sich überschlagender Stimme brüllte er seine Befehle: »Ich will, dass ihr diesen Buddha findet, und wenn ihr dazu jeden Stein einzeln umdrehen müsstet!«

Erneut strömten die Soldaten aus und durchkämmten die Umgebung des Tempels. Aber einen Kerl namens Buddha konnten sie nirgends finden. Erst nach längerem Suchen stießen sie in einem Gebüsch auf eine steinerne Statue, und einer der Soldaten rief: »Buddha ist hier! Buddha ist hier!« Der General stürmte los, um die Quelle der übernatürlichen Kräfte selbst zu sehen, und befahl, dass man den Mönch sofort zu jener Stelle bringen solle: »Der Kerl soll zusehen, wie ich seinem Buddha den Kopf abschlage.«

Der Mönch hörte nicht auf zu lächeln, als er am Kragen gepackt und zu der Statue geschleift wurde. Dort erwartete ihn der General, höhnisch grinsend und voller Stolz über seinen Fund. Mordlust funkelte in seinen Augen, als er sein Schwert erhob. »Willst du weiterhin meinen Weg versperren? Niemand wird das tun!« Und mit einem gewaltigen Streich schlug er der Statue den Kopf ab.

Im selben Augenblick spritzte Blut aus dem Hals des steinernen Buddhas. Im Nu war der General über und über mit Blut besudelt. Und nicht nur das! Auf dem Boden, zwischen seinen Leuten, in der Luft ... wohin er auch blickte, überall sah er rollende Buddhaköpfe! Er stand kurz davor, seinen Verstand zu verlieren. Plötzlich aber kam er zur Besinnung, und mit einem Schlag wurde ihm sein ganzer unheilvoller Übermut bewusst. Er warf sein Schwert in die Büsche, fiel vor dem Mönch zu Boden und bat inständig um Vergebung. In tiefster Reue versprach er, das Töten zu beenden und in sein Land zurückzukehren.

~~∞~~

*Wer hat all dies geschehen lassen? War es der Mönch? War es der Steinbuddha? Oder war es gar die Moktak, die der Mönch in den Händen hielt?*

*Der einfältig dreinschauende Mönch war zwar ein Mönch, zugleich aber auch Buddha. Ohne sich zu bewegen, kann der Ursprung, das heißt die Buddhanatur in uns, in einem einzigen Augenblick die zehntausend Dinge völlig frei erscheinen und vergehen lassen. Unser Ursprung ist erfüllt von dieser Fähigkeit.*

*Wie hätten der steinerne Buddha und der Mönch zwei sein können? Wir alle tragen die in Nicht-Zweiheit erstrahlende Buddhanatur in uns. Koste von ihr und praktiziere ihre wunderbare Wahrheit! So kannst du frei leben, in Würde und voller Vertrauen.*

## 16.

### Die Dankbarkeit eines Baumes

은혜갚은 나무

Vor langer Zeit brachte ein Mann ein kleines Bäumchen nach Hause und pflanzte es in seinen Garten. Er gab ihm genauso viel Wasser und Dünger, wie nötig war, schnitt vorsichtig seine Triebe, wo sie zu rasch wuchsen, und schützte es achtsam vor Schädlingen. Kurz, er hegte und pflegte das Bäumchen mit großer Aufmerksamkeit. Dieses wuchs zu einem ansehnlichen Baum heran, der Jahr für Jahr seine duftenden weißen Blütenblätter über den ganzen Garten verteilte.

Eines Nachts hatte der Mann einen eigenartigen Traum. Darin erschien ihm der Baum und sagte: »Du musst sofort fliehen. Bald wird hier ein großes Unglück geschehen!« Da er die kurze Szene mit ungewöhnlicher Lebhaftigkeit geträumt hatte, stand sie ihm nach dem Erwachen noch in aller Deutlichkeit vor dem inneren Auge. »Was für ein merkwürdiger Traum!«, dachte er und verspürte in sich ein leises Gefühl, das er nicht weiter zu deuten vermochte. Ein kurzer Blick auf den Hof aber gab ihm seine gewöhnliche Zuversicht zurück. Alles befand sich am rechten Platz, und der Baum zeigte im Licht der Morgensonne seine schönste Blütenpracht. Als er sich kurz darauf den Geschäften des Tages zuwandte, war das morgendliche Erlebnis schon völlig aus seinen Gedanken verschwunden.

Drei Tage vergingen, ohne dass etwas Besonderes geschah. In der dritten Nacht aber wurden die Hofbewohner von einem ungewöhnlichen Lärm aus dem Schlaf gerissen. Augenreibend kamen die Männer aus den Häusern, um nach dem Rechten zu sehen. Als ihnen aufging, was geschehen war, fuhr ihnen der Schreck in alle Glieder. Das Gatter war geborsten, die Weide stand völlig verlassen; das gesamte Vieh war ausgebrochen und davongerannt.

Sofort schickte der Hausherr seine Knechte aus, die Tiere einzufangen und zurückzubringen, während er selbst den angerichteten Schaden prüfte und sich um die aufgeregte Familie kümmerte. Ein ganzer Tag verging in bangem Warten, bis abends die Knechte mit hängenden Köpfen zum Hof zurückkehrten. Nicht ein Einziges der Tiere hatten sie fangen können. Das entlaufene Vieh war wie vom Erdboden verschluckt. Dieser harte Schlag ließ den Mann endlich die Fassung verlieren, die er sich bis dahin mühsam bewahrt hatte. Laut beklagte er sein Unglück, da er nun auf einen Schlag die Quelle seines Wohlstandes verloren glaubte. Doch obwohl er so große Sorgen hatte, ahnte er noch immer nicht, wie bedenklich die Lage wirklich war.

Da an diesem Tag nichts weiter getan werden konnte, zogen sich die Hofbewohner bedrückt in die Häuser zurück. Erst als alle längst schon in ihren Betten lagen, fiel schließlich auch der Hausherr in einen erschöpften Schlaf. Doch abermals erschien ihm der Baum und warnte ihn eindringlich: »Ein Vulkanausbruch steht unmittelbar bevor. Verliere keine Zeit, du musst unbedingt fliehen!«

Vom Traum erwacht, sprang er auf, mit einem Schlag hellwach geworden. Sofort war ihm sein erster Traum wieder eingefallen, und nun erkannte er die große Gefahr, die ihn und die anderen bedrohte. Unverzüglich warnte er alle Hofbewohner und schickte Boten zu den Nachbarhöfen. Dann ließ er eiligst die notwendigsten Sachen zusammenpacken und suchte mit seiner Familie und den Bediensteten Zuflucht auf einem einige Meilen vom Hof entfernten Berg. Als sie dort ankamen, wollten sie ihren Augen kaum trauen: Das gesamte Vieh hatte sich auf ebendiesem Berg versammelt. Noch während sie die Tiere voller Verwunderung anstarrten, erschütterte eine Reihe gewaltiger Explosionen Himmel und Erde. Der Boden wogte auf und ab wie eine stürmische See, dunkle Rauchwolken stiegen auf und machten den Tag zur Nacht.

Wochen vergingen, bis sich die Vulkanasche gesenkt und alles beruhigt hatte. Endlich entschloss sich der Hausherr, mit seiner Familie und dem Vieh nach Hause zurückzukehren. Als sie aber das Gehöft erreichten, fan-

Barmherzigkeit ist Liebe,
die keine Dankbarkeit erwartet.

den sie alles völlig verwüstet. Wo früher Häuser, Felder
und Bäume gewesen waren, blickten sie nun über eine
öde Ebene, bedeckt von Staub, Asche und Geröll.

❦

*Selbst eine Pflanze, die nichts zu wissen scheint, schlägt
ihre Wurzeln tiefer in die Erde, wenn ein Jahr mit vielen
Stürmen bevorsteht. Wir Menschen verfügen über Augen,
Ohren, Nase, Mund und Gefühl und haben uns durch unzählige Leben immer höher entwickelt, wie kann es sein,
dass wir weniger wissen als eine Pflanze?*

*Obwohl wir so viel größere Fähigkeiten besitzen als
Pflanzen und Tiere, nehmen wir nicht wahr, was direkt
vor unseren Augen ist, und wissen nicht, was unmittelbar
auf uns zukommt. Warum ist das so? Weil wir unseren Ursprung nicht erkennen, unsere ewige Wurzel, die schon da
war, bevor wir geboren wurden. Statt auf unseren Ursprung
richten wir unsere Aufmerksamkeit nur auf das, was unsere
körperlichen Augen sehen.*

*Glaube an das wahre Selbst, deinen Ursprung! Entdecke
das wahre Selbst! Dann wirst du in der Lage sein, die schöpferischen Fähigkeiten des Ursprungs frei zu nutzen. Habe
Vertrauen in dein wahres Selbst! Nur unser Ursprung, das
wahre Selbst, führt uns auf den Weg zum freien Menschen.*

## 17.

### *Die Maultaschensuppe*
메밀 장떡국

In der Meditationshalle eines Klosters saßen Mönche mit dem Gesicht zur Wand und meditierten. Plötzlich drehte sich einer um und sprach schmunzelnd zu den anderen: »Eure schönen Gesichter könnten in der Wand stecken bleiben. Warum sucht ihr euer Gesicht, während das ursprüngliche Gesicht doch da ist?«

Wie war das zu verstehen? Jeder trägt das wahre Selbst in sich. Dennoch starrten sie auf die Wand, als ob das wahre Selbst dort angeklebt wäre. Die Mönche hörten ihm ruhig zu. Sie spürten, dass jedes seiner Worte den Kern traf, und beschlossen, ihn als ihren Meister anzunehmen.

Eines Tages brachte der Meister einen Sack mit Buchweizenkeimen und trug ihnen auf, sie auszusäen. Für gewöhnlich fielen die Mahlzeiten in ihrem tief in den Bergen gelegenen Tempel recht kärglich aus. Daher freuten sich die Mönche schon jetzt auf das schmackhafte Essen, das sie aus dem Buchweizenmehl bereiten würden. Als die Keime ausgesät waren, fragten sie ihren Meister:

»Meister, bestimmt werden wir nach der Ernte Nudeln kochen und Kuchen backen, nicht wahr?« Der Meister aber schaute seine erwartungsfrohen Schüler kaum an und murmelte nur beiläufig: »Wir werden sehen.«

Unbemerkt keimte der Buchweizen aus. Als er schon in Blüte stand, fragten die Mönche erneut: »Meister, zumindest Buchweizenkuchen werden wir doch essen?« Doch wie schon zuvor antwortete der Meister ausweichend: »Das weiß man erst, wenn es so weit ist.«

Die Zeit verging, die Blüten verwelkten, schließlich war die Zeit der Ernte gekommen. Der Meister ließ den Buchweizen mahlen und aus dem Mehl Maultaschen zubereiten. Ein feiner Suppenduft lag in der Luft, als ein Mönch zum Meister kam und fragte: »Meister, die Maultaschensuppe ist fertig. Jetzt werden wir doch essen, oder?« Aber wieder sprach der Meister gleichmütig: »Das weiß man erst, wenn das Essen im Mund ist. Kommt mit euren Essschalen in die Meditationshalle.«

Mit großer Vorfreude versammelten sich alle Mönche in der Dharmahalle. Endlich durften sie die Buchweizenmaultaschen kosten. Man teilte die Suppe aus, das Signal zum Essen wurde gegeben, und alle Mönche führten gleichzeitig die Löffel zum Mund. Doch gerade hatten sie den ersten Bissen auf der Zunge, da rief ihr Meister mit Donnerstimme: »Nicht schlucken! Nicht ausspucken!« Weil es ein strikter Befehl des Meisters war, konnten die

Mönche die heißen Maultaschen weder herunterschlucken noch ausspucken. Wie sie aber so dasaßen, lösten sich die Maultaschen allmählich im Mund auf und rutschten dann nach und nach einfach hinunter.

In diesem Augenblick kam die Frage des Meisters: »Sind die Maultaschen noch da?« Ein Mönch antwortete: »Ein bisschen ist noch da.« Schweigend betrachtete der Meister seine Schüler. »Sie sind einfach hinuntergerutscht«, sagte ein anderer. »Wie meinst du das?«, fragte der Meister. »Sie sind einfach so hinuntergerutscht, ohne dass mir überhaupt bewusst war, dass ich sie schlucke.« Nun rief der Meister mit schmetternder Stimme: »Das ist es! Das ist es! Essen, ohne gegessen zu haben! Erkennt ihr jetzt diese Wahrheit?« Plötzlich verstanden die Mönche vollkommen.

<p style="text-align:center">~~~</p>

*Maultaschensuppe, die keine Maultaschensuppe ist; Schlucken, das kein Schlucken ist; Ausspucken, das kein Ausspucken ist – diese Wahrheit müssen wir erkennen. Weil alles leer ist und sich in Einheit wandelt, gibt es weder Schlucken noch Ausspucken. Das ist die Wahrheit.*

*Die Weisheit ist leer. Der Buddha ist leer. Auch die Leere ist leer. Was könnte man dort herausnehmen oder hinzufügen? Was gibt es dann, worüber wir stolpern könnten? Wir sollten auch nicht über die Worte stolpern, dass man die*

*Weisheit erlangen muss. Nicht einmal über Buddha sollten wir stolpern.*

*Wenn wir inständig üben, können wir die Suppe essen, ohne zu essen. Dann könnten wir sie einfach so auflösen und hinunterfließen lassen. Wie schön wäre das! Ein einziges kleines Wasserglas könnte das ganze Universum aufnehmen und wäre nicht einmal voll. Diesen Sinn müssen wir erkennen.*

Es ist dein Geist, der deinen Weg blockiert,
es ist dein Geist, der ihn dir öffnet.

## 18.

### *Ananda und das Schlüsselloch*
### 아난존자와 열쇠 구멍

Nachdem der Buddha in das große Nirwana eingegangen war, beschloss der ehrwürdige Mahakashyapa, eine Versammlung der engsten Schüler Buddhas einzuberufen, bei der die Lehre des Vollendeten gesichtet und zusammengetragen werden sollte. Einem von ihnen aber, dem ehrwürdigen Ananda, versagte er die Teilnahme. Diese Entscheidung erschreckte und verstörte viele der Mönche, denn sie alle wussten, dass Ananda mehr Lehrreden des Meisters kannte als jeder andere von ihnen. War doch Ananda, seit er zum persönlichen Diener des Buddha ernannt worden war, stets in der Nähe des Bodhisattvas gewesen, bis dieser in das große Nirwana einging. Dadurch hatte Ananda alle Unterweisungen des Erwachten gehört und treu in seinem Gedächtnis bewahrt.

Mahakashyapa erklärte seinen Mitbrüdern, die wegen der Ablehnung Anandas verständnislose Blicke austauschten: »Der Vollendete lehrte uns, dass alles Sichtbare und Nicht-Sichtbare dieser Welt gleichwertig und sich gegenseitig durchdringend in Einheit da ist. Indem wir dies erkennen, erlangen wir die Fähigkeit, die sichtbare und die nicht-sichtbare Welt gemeinsam sich entfalten zu lassen. Wegen seines unterscheidenden Geistes ist Ananda aber dazu nicht in der Lage; er ist noch nicht eins mit seinem Ursprung. Selbst wenn er sich an jedes einzelne Wort des Erwachten erinnert, versteht er doch nicht den tiefsten Sinn seiner Lehre. Wer aber die Bedeutung der Lehre selbst nicht richtig begreift, kann auch anderen den Sinn nicht vermitteln. Deshalb kann Ananda an der Zusammenstellung der Lehre des Meisters nicht teilnehmen.«

Ohne dass er es verhindern konnte, ließen die Worte Mahakashyapas Wut in Ananda emporsteigen: »Unterscheide ich tatsächlich noch immer? Ich erinnere mich an jede einzelne Unterweisung des Meisters und praktiziere seine Lehre mit all meiner Kraft. Und dennoch soll der unterscheidende Geist in mir immer noch nicht zur Ruhe gekommen sein?«

Tief in seinem Herzen aber wusste Ananda, dass Mahakashyapa recht hatte. Denn dieser war es, der als Erster die Lehre des Buddha in ihrer ganzen Tiefe verstanden hatte. Der Erleuchtete selbst hatte das Erwachen Mahakashyapas anerkannt. Mit dem Gedanken an den Vollendeten wandelte sich Anandas Wut in tiefste Entschlossenheit.

Von jenem Tag an lebte er ganz zurückgezogen. Ohne zu schlafen und ohne zu essen, vollzog er reinigende Zeremonien. Alle aufsteigenden Gedanken ließ er sogleich an den Ursprung los, ohne Wankelmut kehrte er sich nach innen und brachte sein ganzes Wesen dar, um dem wahren Selbst zu begegnen. Endlich, eines Nachts, erkannte er die Bedeutung von Mahakashyapas Worten: »Eins sein mit dem Ursprung und sich in Nicht-Zweiheit manifestieren«. Voller Freude rannte er zu Mahakashyapa und klopfte an die Tür seiner Kammer.

Als hätte er ihn bereits erwartet, ertönte von drinnen die Stimme Mahakashyapas: »Wer ist da?«

»Ich bin es, Ananda.«

»Warum kommst du hierher, mitten in der Nacht?«

»Ehrwürdiger Mahakashyapa, endlich habe ich den Sinn der Lehre erkannt. Bitte erlaube mir einzutreten!«

Mahakashyapa freute sich sehr und sagte zu Ananda: »Gut! Dann komm durch das Schlüsselloch herein.«

Ohne Zögern schlüpfte Ananda durch das Schlüsselloch. Mahakashyapas Freude kannte keine Grenzen, als er Ananda erblickte. In großer Rührung verbeugten sich beide und umarmten einander, weinend vor Glück.

～❀～

*Wer seine Buddha-Natur gefunden hat, schaut alles mit dem inneren Auge. Als Ananda Einsicht erlangte, erkannte er, dass Kommen und Gehen nicht verschieden sind, sondern alles durch das eine HERZ verbunden ist. Er erkannte auch, dass das HERZ von Mahakashyapa und seines nicht* getrennt waren. Dass Ananda durch das Schlüsselloch hereinkam, bedeutet, dass alle Geschöpfe durch das eine HERZ verbunden sind.

»Es ist schwer, das Tor zu finden, weil es viele Tore gibt; und es ist schwer, das Tor zu finden, weil es kein Tor gibt.«

»Wozu braucht es ein Schlüsselloch, wenn doch das Ganze das Tor ist? Wozu braucht es ein Schlüsselloch, wenn es doch gar kein Tor gibt? Betrachte dich selbst! Suchst du nicht vielleicht nur nach dem Tor oder nach dem Schlüsselloch, obwohl du glaubst, nach der Wahrheit zu suchen?«

»Frage dich, ob du nicht dazu neigst, die Lehre Buddhas nur als Theorie oder als Bücherweisheit zu betrachten. Frage dich, ob du dich wirklich um den tiefen Sinn der Lehre bemühst oder ob du dich mit einem oberflächlichen Verständnis zufrieden gibst. Frage dich, ob du als unveränderlich ansiehst, was sich doch ständig verändert. Ohne derartige Unterscheidungen loszulassen, wirst du die Gesetzmäßigkeit der Welt niemals erkennen.«

So lehrte uns der Buddha.

> Aus einer uralten Kiefer
> bricht ein Blitz hervor,
> und Regen fällt auf die ganze Welt.
> Sein Wasser füllt das tiefe Meer;
> große und kleine Fische
> singen und tanzen.

## 19.

### *Der Zen-Meister und das Hundefleisch*

개고기와 선지식

Ein berühmter Zen-Meister zog sich mit seinen Schülern in die Berge zurück, um in der Abgeschiedenheit die Lehre zu vertiefen. Die Nachricht verbreitete sich, und immer mehr Mönche kamen, um sich ebenfalls von ihm unterweisen zu lassen.

Eines Tages saßen alle zusammen und warteten auf ein Wort des Meisters. Nach langem Schweigen rief dieser einen seiner Schüler zu sich und sprach: »Alle sind etwas schwach geworden. Schlachtet einen großen Hund, jeder bekommt ein Stück!«

Unruhe machte sich breit. Die Mönche drehten die Köpfe und begannen, miteinander zu flüstern: »Was soll dieses merkwürdige Gerede? Seit wann essen Mönche Fleisch? Ist der Meister verrückt geworden?« Einer nach dem anderen stand auf, nahm sein Bündel und verließ den Ort.

Endlich waren die meisten Mönche weg. Zurück blieben nur die wenigen, die schon zu Anfang dabei waren. Der Meister betrachtete seine Schüler, die ruhig sitzen geblieben waren, und sprach lächelnd: »Wenn der Herbstwind bläst, fallen die Blätter. Nun lasst uns wahrhaftig üben.«

❧

*Gut und schlecht, hoch und niedrig, schön und hässlich: All diese Bewertungen beruhen allein auf den eigenen vorgefassten Gedanken. Im Ursprung gibt es keine Zweiheit, weil der Ursprung aller Geschöpfe – ebenso wie dein und mein Ursprung – sich direkt verbunden als eins manifestiert.*

*Wenn man erkennt, dass alles aus dem eigenen Ursprung entsteht, und wenn man alles dort loslässt und achtsam betrachtet, lösen sich die vorgefassten Gedanken und Bewertungen von selbst auf. Dann wird man nicht an dem Gedanken hängen bleiben, ob ein Mönch berühmt ist oder nicht. Dann wird man auch nicht an dem Gedanken anhaften, dass es nur vegetarische Kost sein darf. Schließlich wird man auch nicht darüber klagen, dass man wegen eines anderen seine HERZENS-Schulung nicht fortsetzen kann.*

*Verliert ein großer Baum ein Blatt, fällt dies nicht auf. Auch ein abgebrochener Ast wird den Baum nicht zum Schwanken bringen. Sobald es ein Einziges der Elemente gibt, gibt es auch Leben. Sobald es ein einziges Leben gibt, existiert auch der Dharma.*

*Dieses Universum entfaltet sich, seit ich zur Welt kam. Mein Gegenüber ist da, weil ich da bin. Der Buddha ist da, weil ich da bin. Was ist die Wahrheit ohne mich? Was ist die Lehre ohne mich? Denke niemals, dass es einen besonderen Platz für Buddha und einen davon getrennten Platz für uns gibt.*

*Tief und unergründlich ist unser HERZ. So verschieden die Stufen unserer Entwicklung sind, so verschieden sind die Wege der Befreiung.*

Sobald wir alle Vorstellungen von uns selbst
vollkommen loslassen,
offenbart sich das wahre Selbst.

## 20.

*Die vier Ehefrauen*

네명의 부인

Ein wohlhabender Kaufmann hatte vier Frauen. Drei Frauen liebte er sehr. Für eine aber, nämlich für die erste der vier, hatte er nicht viel übrig. Eines Tages sah er sich durch die Umstände dazu gezwungen, eine weite Reise zu unternehmen. Da ihm die Reise gefährlich und ihr Ausgang unsicher erschien, wollte er ungern alleine reisen. Er sandte einen Diener zu den Frauen und bestellte sie eine nach der anderen zu sich.

Zuerst sprach er mit seiner zweiten Frau: »Liebling, in den vielen Jahren unserer Ehe haben wir Tag und Nacht zusammen verbracht, und ich habe mich immer gut um dich gekümmert, nicht wahr? Zu jeder Jahreszeit hast du nach deinen Wünschen neue Kleidung bekommen. Was immer du zu essen begehrtest, habe ich dir besorgt, und stets habe ich mich darum bemüht, es dir so bequem wie möglich einzurichten. Bei dem Gedanken, diese Reise alleine antreten zu müssen, fühle ich Einsamkeit und Angst. Würdest du mich begleiten?« Aber ohne auch nur mit der Wimper zu zucken, versetzte die zweite Frau, dass er absolut Unmögliches von ihr verlange, und lehnte sein Ansinnen eiskalt ab.

Ihre gefühllose Absage verletzte den Kaufmann zutiefst. Doch versuchte er sich nichts anmerken zu lassen, rief seine dritte Ehefrau zu sich und sagte zu ihr: »Mein lieber Schatz! Wie du weißt, habe ich unendliche Mühen auf mich genommen, bis ich dich als Frau gewinnen konnte. Um dich heiraten zu dürfen, habe ich Blut geschwitzt und unzählige Tränen vergossen, und du hast mich dann wie eine Festung vor allen Unbilden des Lebens beschützt. Denke doch an meine große Liebe zu dir; ist sie es nicht wert, dass du mich begleitest?« Nach kurzem Überlegen entgegnete sie: »Es stimmt, was du sagst; du bist mir tatsächlich hinterhergelaufen – ich dir aber nicht. Warum also sollte ich dir jetzt hinterherlaufen? Doch aus Rücksicht auf deine große Liebe werde ich dich bis zum Tor begleiten.«

Nur bis zum Tor, dort wo die Reise noch nicht einmal richtig begonnen hatte! Die erneute Ablehnung traf den reichen Kaufmann ins Mark. Nur schwer gelang es ihm, seiner Gefühle Herr zu werden. Seine tiefe Enttäuschung stand ihm ins Gesicht geschrieben, als er sich an seine vierte Frau wandte: »Mein Herzblut, mein Augenstern! Dich habe ich am meisten geliebt von allen. Wo ich nur konnte, habe ich dich auf Händen getragen. Sobald ich etwas Gutes oder Schmackhaftes sah, dachte ich nur daran, wie ich es dir verschaffen konnte. Wie gerne haben wir zusammen Ausflüge unternommen, wie viele schöne Stunden haben wir miteinander erlebt! Sobald du aus dem Haus gegangen bist, hat mich innere Unruhe gequält. Immer war ich in Sorge, dass dir etwas zustoßen könnte. Alles habe ich für dich getan, und wir haben so harmonisch zusammengelebt. Aber das alles weißt du ja selbst. Könntest du bitte mit mir gehen?«

Traurig blickte ihn seine vierte Frau lange an, bevor sie antwortete: »Ich kann mich an alles sehr gut erinnern. Zum Dank für die vielen Liebesdienste, die du mir erwiesen hast, werde ich dich begleiten, allerdings nur bis zum Feld hinter dem Tor, weiter kann ich nicht mitkommen.«

Als auch diese, seine Lieblingsfrau sich weigerte, ihn auf der Reise zu begleiten, verlor der Kaufmann endgültig die Fassung und brach in Tränen aus. Es dauerte eine geraume Zeit, bis er sich einigermaßen wieder beruhigt hatte. Endlich rief er ohne jede Hoffnung auch noch die erste Frau zu sich. Verzagt und mit matter Stimme sprach er zu ihr: »Ich muss mich bei dir entschuldigen. Ich weiß, ich habe dich wie eine Dienerin behandelt und dich alle möglichen schwierigen und schmutzigen Arbeiten erledigen lassen. Mein ganzes Leben lang habe ich dich vernachlässigt. Aber trotzdem sind wir beide am längsten zusammen, und niemals hast du dich über irgendetwas beklagt. Würdest du mich vielleicht auf dieser Reise begleiten?«

Zu seiner Überraschung antwortete sie frohen Mutes und ohne jegliches Zögern: »Natürlich gehe ich mit dir! Ich habe so lange Zeit mit dir verbracht, ganz gleich, ob du mich gut oder schlecht behandelt hast. Wer außer mir sollte dich begleiten?«

～ঞ্চ～

*In dieser Geschichte steht die Reise für den Tod, und die vier Frauen symbolisieren die Dinge, ohne die wir nicht leben können. Die zweite Frau ist unser Körper. Im Winter schützen wir ihn vor der Kälte, in der Sommerhitze wedeln wir ihm mit dem Fächer Kühlung zu. Wenn er Hunger hat, geben wir ihm zu essen, und wenn er durstig ist, lassen wir ihn trinken. So viel Mühe verwenden wir auf unser körperliches Wohlergehen, weil wir im Leben den Körper als unser Ich ansehen. Erst wenn es ans Sterben geht, bemerken wir auf einmal, dass wir unseren Körper nicht mitnehmen können.*

*Die dritte Frau, durch unzählige harte Kämpfe errungen, symbolisiert Reichtum und Macht. Wie viel Anstrengung, wie viele Tränen kostet es uns, diese zu erringen! In all diesen Bemühungen bemerken wir nicht einmal, wenn unser Körper schwach oder von Krankheit befallen wird. Spätestens auf dem Sterbebett müssen wir all unsere Reichtümer zurücklassen, und wie groß unsere Macht auch gewesen sein mag, verliert sie dann all ihren Glanz.*

*Die vierte Frau steht für unsere Familie, unsere Ehepartner, unsere Kinder und Freunde. Mit diesen Menschen teilen wir unsere Liebe und verbringen gemeinsam glückliche Stunden. Besonders den Kindern geben wir mit unserer größten Liebe alles, was wir geben können, und denken dabei kaum an uns selbst. Aber sogar die Menschen, die wir am meisten geliebt haben, können uns nicht über dieses Leben hinaus begleiten, sondern kommen höchstens bis zum Grab mit uns.*

*Die erste Frau schließlich, die uns bereitwillig über den Tod hinaus folgt, ist unser wahres Selbst, ist der göttliche Funke in uns, ist unser HERZ. Für gewöhnlich zeigen wir im Leben kein besonderes Interesse an unserem HERZEN, obwohl es ständig alle möglichen schwierigen Aufgaben für uns meistert. Dennoch ist das HERZ – durch alle Zeiten, durch alle Leben hindurch – immer bei uns. Wo wir auch sind, in der Unterwelt, im brennenden Feuer der Hölle oder im reinen Land Buddhas, immer wird das HERZ uns führen.*

*Wie wir zu unseren Lebzeiten gedacht, gesprochen und gehandelt haben, all das wird als Karma in uns gespeichert. Ob gut oder schlecht, alles wird in uns eingeprägt und haftet uns an wie ein Schatten. Dieser Schatten legt sich als Schleier über unsere Augen, unsere Ohren und unsere Gedanken. Wegen dieses Schleiers können wir weder deutlich sehen noch klar hören und mangelt es unseren Gedanken und Taten an Weisheit. Der Grund dafür liegt allein in unseren Gewohnheiten und unserem Karma. Sie verdecken die wahre Natur unseres HERZENS, das ursprünglich hell und klar ist und keine Unterscheidung kennt zwischen gut und böse, rein und unrein.*

*Karma entsteht durch unsere – bewussten oder unbewussten – Gedanken, Worte und Taten, die von uns selbst in unser Bewusstsein eingeprägt werden, und nur wir selbst können unser Karma löschen. Aus diesem Grund sollten wir uns niemals über andere beklagen oder anderen Schaden zufügen. Wer in Gier lebt und blind tierischen Instinkten folgt, wird nach dem Tod in einer niederen Welt geboren werden. Doch wer schon zu Lebzeiten mit himmlischem HERZEN lebt, der wird nach dem Tod das Reine Land erreichen.*

## 21.

### *Wahre Opfergabe*
### 진정한 보시

In früheren Zeiten gingen die buddhistischen Mönche von Haus zu Haus, um barmherzige Gaben zu sammeln. Nun kam ein Mönch auf seinem Bittgang an eine Hütte, die so ärmlich aussah, dass er sich schämte, hier um ein Almosen zu bitten. Rasch wollte er unbemerkt vorübergehen, doch war man schon auf ihn aufmerksam geworden. Die Tür öffnete sich, ein Mann trat heraus und verneigte sich vor dem Mönch. Nachdem sie einen höflichen Gruß gewechselt hatten, wollte der Mann den Mönch keineswegs ohne eine Gabe weiterziehen lassen. »Sunim*, ich bin sehr arm und besitze fast nichts. Aber vor ein paar Tagen habe ich als Lohn eine Schale gekochten Reis erhalten und daraus einen Brei bereitet. Wenn es Euch nichts ausmacht, würde ich diesen gern mit Euch teilen.« Mit diesen Worten bat er den Mönch herein.

Anscheinend wollte sich der Mann gerade zum Essen

* Respektvolle koreanische Anrede eines Mönchs oder einer Nonne.

hinsetzen, als er den Mönch vor der Hütte gehört hatte, denn auf einem Tablett standen eine Schale Brei und ein Schälchen mit Sojasoße. Der Mann aber versicherte dem Mönch, dass er bereits gegessen habe, und bat ihn inständig darum, den Brei als Gabe anzunehmen. Die Großherzigkeit des Mannes berührte den Mönch zutiefst. Obwohl der Brei eigentlich nur aus Wasser bestand, in dem einige Reiskörner schwammen, erschien er dem Mönch als ein königliches Mahl. Voller Dankbarkeit und Mitleid wollte er die Großzügigkeit des armen Mannes unbedingt mit etwas Gutem vergelten. Da er aber selber nichts besaß, stieg er mit einer Kiepe auf den Berg, um dort wenigstens etwas Brennholz für den Mann zu sammeln.

Außer dem Brei hatte der Mönch an diesem Tag nichts zu sich genommen. Bis er genügend Holz gesammelt hatte, war er so schwach geworden, dass er sich kaum noch auf den Beinen halten konnte. Aber der Gedanke, dem armen Mann etwas geben zu können, ließ ihn seine Schwäche vergessen. Mit dem Gefühl, fliegen zu können, schulterte er die gefüllte Kiepe und machte sich auf den Rückweg. Als er unter der schweren Last schwitzend und keuchend gerade um eine enge Kehre bog, stand plötzlich jemand direkt vor ihm auf dem Weg. Die aufrechte Gestalt mit dem Dharmastab war ihm wohlvertraut: Es war sein Meister.

»Wohin willst du denn mit all dem Holz?«, kam ohne Umschweife die Frage des Meisters. Der junge Mönch begann, die ganze Geschichte zu erzählen. Er war noch nicht weit gekommen, da versetzte ihm der Meister plötzlich einen heftigen Schlag mit seinem Stab. »Du Dummkopf! Du bezeichnest dich als jemanden, der alle Wesen retten will?« Der unerwartete Schlag seines Meisters war so stark, dass er samt Kiepe hinfiel. Aufheulend vor Schmerzen purzelte er mehrere Meter den Hang hinunter. Noch ehe er wieder richtig zu sich gekommen war, traf ihn die Donnerstimme seines Meisters wie ein erneuter Schlag: »Steh sofort auf! Mit der Kraft des Ursprungs kannst du wahrhaft geben; du aber mühst dich ab mit einer Kiepe Holz! Was bleibt denn am Ende davon übrig? So etwas soll eine Opfergabe sein?«

Auf einmal erkannte der Mönch seine Dummheit. Er stand auf, wischte sich Tränen und Blut ab, und die höllischen Schmerzen, die eben noch sein ganzes Bewusstsein ausgefüllt hatten, waren wie weggefegt. Voller Freude rannte er hinunter zum Dorf, um sich bei dem armen Mann von ganzem Herzen zu bedanken.

Dieser hatte in allem, was er tat, immer ehrlich und aufrichtig gehandelt und konnte dennoch seiner Armut bislang nicht entkommen. Doch weil er das Wenige, was er besaß, stets freimütig mit anderen teilte, gewann er zusehends die Achtung seiner Nachbarn. Sie vertrauten

Geistige und materielle Welt
nicht als zwei betrachten,
das ist der mittlere Weg.

ihm und betrauten ihn immer häufiger mit verschiedenen Arbeiten und Aufgaben, und so vermehrte sich langsam sein Hab und Gut. Irgendwann gehörte er dann zu den drei reichsten Männern im Dorf.

～✥～

*Die aus der schöpferischen Kraft des Ursprungs erwachsende unbegrenzte Opfergabe ist nicht vergleichbar mit einer vergänglichen, materiellen Gabe. Gib, ohne zu geben; tu, ohne zu tun! Das kommt nicht nur dem anderen zugute, sondern kehrt als heilsame Tat zu dir zurück. Solches ist eine wahre Opfergabe, die endlos weiter wirkt.*

*Betrachte aufrichtig dich selbst! Mit welchen Gedanken lebst du? Wenn du denkst: »Meine Lage ist so schlecht, denn ich habe nichts gelernt« oder »Mir geht es schlecht, weil ich kein Geld besitze oder weil ich so krank bin«, ergehst du dich dann nicht in Selbstmitleid? Lebst du dann nicht zu sehr auf dich selbst bezogen? Zu guter Letzt sind solche Gedanken nicht hilfreich.*

*Weil alle deine Gedanken, deine Worte und Taten in deinen Ursprung eingehen, werden sie dir eines Tages in anderer Gestalt wieder erscheinen. Ist dein HERZ kleinmütig, breitet sich Armut vor dir aus. Ist dein HERZ großmütig, breitet sich Gelassenheit vor dir aus. Ein einziger Gedanke entscheidet darüber, ob wir im Paradies oder in der Hölle leben.*

## 22.

*Eine weise Entscheidung*
지혜로운 사장

Irgendwann bemerkte der Besitzer einer Firma, dass aus dem Lager stetig Ware verschwand. Zwar war der angerichtete Schaden gering, doch konnte er es nicht einfach auf sich beruhen lassen. Als umsichtiger Firmenchef hielt er sich viel darauf zugute, dass seine Angestellten mit ihren Arbeitsbedingungen zufrieden waren. Noch nie hatte es bislang Probleme mit Diebstahl gegeben. Wie war es nun dazu gekommen? Er war sehr beunruhigt. Vorsichtig stellte er einige Nachforschungen an und entdeckte bald, dass es zwei seiner ältesten Mitarbeiter waren, die das Material entwendeten.

Im ersten Moment überkam ihn große Wut. Dass es gerade diese beiden waren, die ihn hintergingen! Es handelte sich um zwei Angestellte, die schon seit vielen Jahren bei ihm waren und die er ganz besonders schätzte. Wie er wusste, stammten beide aus äußerst schwierigen Verhältnissen und hatten mit großen finanziellen Schwierigkeiten zu kämpfen. Dennoch hatte er niemals davon gehört, dass sich einer von ihnen über seine Lage beklagt hätte. Vielmehr schienen sie immer aufrichtig und mit großem Einsatz für die Firma zu arbeiten. Dass er sich so in ihnen getäuscht hatte!

Es dauerte eine ganze Weile, bis sich sein Zorn und das bittere Gefühl der Enttäuschung so weit in ihm beruhigt hatten, dass er noch einmal in Ruhe über alles nachdenken konnte. Bemüht, sich nicht zu sehr von seinen Gefühlen beeinflussen zu lassen, versuchte er, die Situation klar zu betrachten. Dabei musste er sich eingestehen, dass die gestohlene Menge nur gering war. Und abgesehen von dieser unerfreulichen Geschichte hatte er am Verhalten der beiden Mitarbeiter nichts auszusetzen. Im Gegenteil: Sie hatten ansonsten wirklich hart für die Firma gearbeitet. Vermutlich, so überlegte er, befanden sie sich momentan in einer schwierigen privaten Situation. Wie aber sollte er nun mit dem Problem umgehen? Was sollte, was konnte er tun? Lange überlegte er, welcher Weg sowohl für die beiden Angestellten als auch für die Firma der beste wäre. Schließlich entschied er sich, ihnen nochmals eine Chance zu geben.

Am folgenden Tag bestellte er die zwei Männer zu sich ins Büro. »Zurzeit verschwindet Ware aus dem Lager. Ich habe euch gerufen, weil ich weiß, dass ich euch hundertprozentig vertrauen kann. Und deshalb möchte ich auch euch beiden die Aufsicht über das Lager übertragen. Seid also wachsam, damit nichts mehr gestohlen wird!« Mit diesen Worten händigte er ihnen den Schlüssel aus.

Der unerwartete Auftrag ihres Chefs stürzte die beiden in große Gewissensnöte. Seit sie damit angefangen hatten, Waren aus dem Lager zu entwenden, lebten sie in beständiger Angst, dass man sie irgendwann als Diebe entlarven würde. Als sie nun in das Büro des Firmenchefs bestellt wurden, wurden ihre schlimmsten Befürchtungen wachgerufen. Was aber geschah? In vollem Vertrauen auf ihre Ehrlichkeit und Loyalität bat ihr Chef ausgerechnet sie darum, die Firma vor Diebstahl zu bewahren, und überließ ihnen sogar den Schlüssel zum Lager!

Von jenem Tag an gab es keinen einzigen Diebstahl mehr. Um das in sie gesetzte Vertrauen zu rechtfertigen, übernahmen die beiden voller Verantwortungsgefühl ihre neue Aufgabe und arbeiteten fortan so eifrig und ehrlich, als ob die Firma ihnen gehörte. Ihr Beispiel wirkte sich auch auf die anderen Mitarbeiter aus, sodass sich das Vertrauen zwischen dem Chef und seinen Angestellten weiter vertiefte und die Firma gedieh.

꘠

*Hätte der Inhaber Außenstehende mit der Suche nach Beweisen beauftragt und schließlich die beiden bestraft – was wäre dann wohl aus der Firma geworden?*

*Hätte er beispielsweise die beiden Angestellten als schlechte Menschen beschimpft und sie entlassen, dann wären sie, statt ihre Fehler einzusehen, unweigerlich von Rachegedanken erfüllt worden. Unversöhnliche Feindschaft und ein ständiger Wunsch nach Rache wären daraus hervorgegangen; eine verhängnisvolle, ungute Bindung wäre entstanden, deren Fesseln nur schwer wieder zu lösen gewesen wären. Um es klar zu sagen: Eine solche verhängnisvolle Bindung entsteht, wenn wir aufgrund unseres Karmas keine Nachsicht üben können.*

*Es ist von großer Bedeutung, welchen Gedanken wir folgen. Wenn ein Einbrecher, bewaffnet mit einem Messer, in dein Haus eindringt, du aber wahrhaftig glaubst, dass dein wahres Selbst und das wahre Selbst des Einbrechers eins sind, dann lässt der Einbrecher wahrscheinlich das Messer fallen. Deswegen gibt es nichts, wovor wir uns fürchten müssten, ganz gleich, welche Situation auf uns zukommt.*

*Der Inhaber der Firma wusste um die Wirkungsweise der geistigen Welt. Wie immer das momentane Bewusstsein eines Menschen auch sein mag, es ist dieses Bewusstsein, das den Körper steuert. Also erkannte er, dass es besser ist, das Bewusstsein zu ändern, anstatt den Körper zu bestrafen. Indem er zu sich sagte: »Wahres Selbst, nur du kannst dieses Problem wirklich lösen«, ließ er das Ganze an den Ursprung los, an jenen Ort, der mit allen und allem verbunden ist. – Wie weise ist das!*

*Auch der stärkste Mann der Welt kann keinen Menschen besiegen, der im tiefen Glauben an den eigenen Ursprung lebt. Es ist dieser feste Glaube, der das Licht auch im Herzen des Gegenübers entzündet, der die anderen zur Reue und zu einem neuen Anfang bringt. Wie der Firmeninhaber seinen Mitarbeitern den Schlüssel anvertraut, so müssen auch wir unserem Ursprung alles anvertrauen. Vertraut man aber jemandem eine Arbeit an, so muss dies vollständig geschehen. Nur dann wird in dem anderen Antrieb und Verantwortungsgefühl für die Arbeit entstehen und alles reibungslos laufen. Wenn man jedoch jemandem eine Arbeit anvertraut, sich dann aber kleinmütig zeigt und dauernd misstrauisch prüft, ob die Arbeit auch korrekt ausgeführt wird – wohin soll das führen? Was geschähe, wenn man zunächst den Schlüssel übergäbe, ihn dann aber sogleich wieder zurückforderte? – Die Antwort wäre: »Wenn Sie kein Vertrauen zu mir haben, dann machen Sie es selbst!« Und die Arbeit bliebe liegen.*

*Wenn du weißt, dass der Ursprung wahrlich alle Probleme lösen kann, vertraue auf ihn bis zum Ende. Überlasse alle Reibungen des Alltags deinem Ursprung. Wer wirklich glaubt, wankt nicht. Vergiss niemals, dass du diesen unendlich kostbaren Schatz in dir trägst, deinen Ursprung, der nicht nur diese Welt, sondern das ganze Universum umfasst, und in dem dann noch immer Raum ist.*

## 23

## *Der leere Glücksbeutel*

텅 빈 복주머니

Es war einmal ein Mann, der ein gutes Herz hatte, aber in ärmlichen Verhältnissen lebte und auch so starb. Als er ins Jenseits kam, fand er sich an einem seltsamen Ort wieder. Vor ihm standen in endlosen Reihen unzählige Kerzen. Dicke und dünne, lange und kurze, gerade und krumme: Die Kerzen waren alle unterschiedlich, keine glich genau der anderen. Manche brannten so gleichmäßig und hell, dass ihre ganze Umgebung in ein warmes Licht getaucht wurde, andere wiederum flackerten unruhig und schwach, als ob sie jeden Moment verlöschen könnten. Der Mann trat näher heran, um das Ganze noch genauer zu betrachten. Wie er bemerkte, stand auf jeder Kerze ein Name geschrieben. Und unter jeder von ihnen hing ein Beutel. Auch die Beutel waren unterschiedlich. Einige schienen so prall gefüllt zu sein, dass sie fast aus den Nähten platzten, andere wiederum hingen in traurigen Falten herab. Neugierig ließ er sein Auge über die vielen Kerzen und Beutel schweifen, bis sein Blick an einer einzelnen Kerze hängen blieb, an der eigentlich nichts Besonderes war. Als er jedoch die Schriftzeichen auf der Kerze entzifferte, las er dort zu seiner großen Überraschung seinen eigenen Namen. Aber was war das? Der Mann erbleichte. Die Kerze, die seinen Namen trug, war erloschen, und der Beutel unter ihr war völlig leer!

In diesem Augenblick gewahrte er, dass er nicht allein war. Er drehte sich um und erblickte einen uralten Mann, der ihn offenbar schon eine ganze Zeit lang schweigend beobachtet hatte. Der Greis nickte ihm freundlich zu und sprach: »Ich bin der Wächter dieses Ortes und zugleich dein Urahn, obwohl nach deiner Rechnung durch zwölf Generationen von dir getrennt. Ich habe dich bereits erwartet.« Dann erklärte er ihm die Bedeutung von Kerze und Glücksbeutel: »Du bist jung gestorben, weil dein Vorrat an Verdiensten erschöpft war. Zwar warst du ein gütiger Mensch, aber nennenswerte heilsame Taten hast du nicht vollbracht. Und das aus den gesammelten Wohltaten deiner Ahnen entstandene Glück hast du gänzlich aufgebraucht.«

Nachdem er gesprochen hatte, verfiel der Greis in tiefes Nachdenken, wobei ihm die Sorge um seinen Nachkommen ins Gesicht geschrieben stand. Nach längerem Schweigen deutete er schließlich auf eine lange Kerze ganz in der Nähe und sagte: »Weil du mit gutem Herzen gelebt hast, kann ich dir helfen. Schau dir diese Kerze an. Dieser Mensch hat ein langes Leben vor sich,

und er hat bereits eine Menge an guten Verdiensten gesammelt. Aber es müssen zuerst acht Jahre vergehen, bevor er das angesammelte Glück nutzen darf. Ich werde
dir sein Glück für eine Weile leihen. Kehre zurück in die
Welt, und versuche mit diesem Glück möglichst viele
heilsame Taten zu sammeln. Auf diese Weise kannst du
das Geliehene vollständig zurückgeben und wirst dennoch für weitere Wohltaten genügend übrig haben und
somit Glück im Überfluss genießen. Du warst ein gütiger
Mensch, versuche es!« Nochmals schärfte der Greis seinem Urenkel ein, das geliehene Glück nach acht Jahren
unbedingt zurückzuzahlen, dann schickte er ihn in das
irdische Leben zurück.

Dass der tot geglaubte Mann sich plötzlich wieder
höchst lebendig zeigte, führte zu großem Erstaunen.
Auch bemerkte man bei ihm bald eine geheimnisvolle
Veränderung. War bisher keiner seiner Unternehmungen
jemals Erfolg beschieden, schien ihm nun – mit dem neu
geschenkten Leben und dem geliehenen Glück – alles zu
gelingen, was immer er anpackte. In kurzer Zeit gelangte
er, der zuvor keinen Heller besessen hatte, zu beträcht-
lichem Wohlstand. Und doch gab es niemanden, der ihm
seinen Erfolg neidete. Denn niemals schien er müde zu
werden, die Leiden anderer Menschen zu lindern. Stets
versuchte er, anderen in jeder erdenklichen Weise zu helfen, ein besseres, reicheres und helleres Leben zu führen.

In dieser Bemühung vergingen acht Jahre. Eines Abends, der Mann wollte gerade das Hoftor schließen, erblickte er vor dem Tor einen Bettler, dessen abgerissene Gestalt von äußerster Armut zeugte. Der Bettler sprach ihn an und bat inständig darum, auf dem Hof als Knecht arbeiten zu dürfen. Alles würde er bereitwillig tun, auch die schmutzigsten und niedrigsten Arbeiten erledigen, wenn er als Lohn nur etwas zu essen und einen Ort zum Schlafen erhalten würde. Der Mann aber hörte kaum, was der Bettler sagte, denn er wusste sofort, dass der Inhaber des geliehenen Glücks vor ihm stand. Augenblicklich kamen ihm die Worte seines Urahns in den Sinn. Voller Dankbarkeit führte er den Bettler ins Haus und versorgte ihn wie einen königlichen Gast. Und wie er einst versprochen hatte, überließ er dem Bettler mehr als die Hälfte seines gesamten Vermögens.

Bis zum letzten Tag seines Lebens hörte der Mann nicht auf, Gutes zu tun. Seine Kinder und Enkel folgten dem Beispiel, das er ihnen vorgelebt hatte, und führten seine Wohltaten fort. So wurde seine Familie über viele Generationen hinweg zu einem Quell der Weisheit und des Mitgefühls für alle Menschen ihrer Umgebung und zudem so reich, dass niemand an dem Ort vorübergehen konnte, ohne ihr Land zu betreten.

*Wenn du deine Vergangenheit nicht sehen und deine Zu-*
*kunft nicht erahnen kannst, betrachte die Gegenwart! Es*
*kommt so viel Leiden auf dich zu, wie du selbst in deinen*
*Vorleben verursacht hast. Was du unwissend getan hast, be-*
*kommst du unwissend zurück. Was du wissend getan hast,*
*bekommst du wissend zurück. Betrachte, was du jetzt, hier*
*und heute, tust! Dadurch kannst du erkennen, wie deine*
*Zukunft sein wird.*

*Du verstehst es, Geld für den Geldbeutel anzuhäufen.*
*Warum aber verstehst du nicht, Gutes für den Glücksbeutel*
*zu sammeln, damit du Jahr für Jahr, Leben für Leben davon*
*leben kannst?*

Ohne das Ich gibt es nichts,
was nicht der Weg wäre.

## 24.

### *Glück oder Unglück\**

글쎄요…?!

Vor langer Zeit lebte in China ein alter Mann, der Pferde züchtete. Seine Pferde waren bekannt im ganzen Land und wurden hoch im Preis gehandelt. Eines Tages lief eines seiner Pferde davon. Nun war der Verlust eines wertvollen Pferdes für sich schon ein großer Schaden, dieses Pferd aber war nicht irgendein Pferd. Es war das Lieblingspferd des alten Manns, ein wunderschöner, edler Hengst, der für seine Pferdezucht von größter Bedeutung war. Die Nachricht verbreitete sich in Windeseile. Alle Nachbarn kamen, um ihn zu trösten, weil sie wussten, wie sehr der Mann an dem Pferd hing. Sie bedauerten ihn, als ob es ihr eigenes Unglück wäre. Der alte Mann aber antwortete gelassen: »Nun ja, macht euch keine Sorgen! Was man besitzt, wird man irgendwann

---

\* Diese Geschichte findet sich erstmals in einem chinesischen Weisheitsbuch aus der Zeit der Han-Dynastie (206 vor bis 220 nach unserer Zeitrechnung). Sie wurde – ebenso wie einige andere Geschichten dieser Sammlung – in leicht veränderter Form in die verschiedensten buddhistischen Textsammlungen übernommen.

wieder verlieren. Aber wenn man etwas verliert, gewinnt man auch etwas, oder?«

Tatsächlich, es kam genauso, wie der Mann gesagt hatte. Einige Tage später kehrte der Hengst zurück, aber er kam nicht allein. Mit sich brachte er eine bildschöne Stute. Selbst Leute, die nichts von Pferden verstanden, erkannten sofort, dass diese Stute wirklich etwas Besonderes war. »Was für ein Glück!«, freuten sich nun die mitfühlenden Nachbarn, »anstatt ein Pferd zu verlieren, hast du jetzt sogar ein wunderschönes Tier dazugewonnen. Wie schön für dich!« Wieder antwortete der alte Mann gelassen: »Nun ja, wenn es Gewinn gibt, gibt es auch Verlust, oder? Deshalb gibt es nicht nur Grund zur Freude.«

Nach ein paar Tagen wurde sein Sohn beim Zureiten von der Stute abgeworfen. Er fiel so unglücklich, dass er sich dabei ein Bein brach. Obwohl der Bruch sofort eingerichtet wurde, konnte er danach sein Bein nie mehr richtig bewegen. Der Sohn war das einzige Kind des alten Mannes. Er wurde von seinem Vater innig geliebt und sollte später einmal die Pferdezucht übernehmen. Aber wie sollte das gehen mit einem lahmen Bein? Alle waren sehr traurig über diesen schweren Schlag des Schicksals, nur der alte Mann selbst sagte voller Gelassenheit: »Wer weiß, ob dies wirklich ein Unglück ist?«

Einige Jahre später herrschte im Land Krieg, alle jungen Männer wurden eingezogen, und die meisten von ihnen kamen nicht zurück. Nur der Sohn des alten Mannes blieb verschont, weil ein Soldat mit einem lahmen Bein im Krieg zu nichts nütze war.

~~⟡~~

*Gewinn und Verlust sind wie zwei Seiten einer Münze, es gibt die eine nicht ohne die andere. Wer das wirklich begreift, wird sich über den Gewinn nicht freuen und über den Verlust nicht grämen. Der alte Mann wusste um die Gesetzmäßigkeit der Welt, deshalb konnte er gelassen sein. Der unerwartete Gewinn erfüllte ihn nicht nur mit Freude, das Unglück seines Sohnes nicht nur mit Trauer. Ist das nicht wahre Weisheit?*

*Trauer über einen Verlust, Freude über einen Gewinn, die Ursache von beidem ist die Begierde. Die Ursache der Begierde aber ist die Unwissenheit, die nicht erkennen kann, dass alles zwei Seiten hat. Wenn du dich aus dieser Unwissenheit befreien willst, wenn du ein klares, weises und gelassenes Leben führen möchtest, dann vertraue alles deinem Ursprung an. Lasse alle in dir aufsteigenden Gedanken, Gefühle und alle Dinge, die dir geschehen, entschlossen an deinen Ursprung los. Ganz gleich, wie viel du dort hineingibst oder wie viel du dort herausnimmst, nimmt dieser Raum weder zu noch ab.*

*Dieser Raum ist unendlich groß, sodass er das ganze Universum aufnehmen kann. Ebenso ist er so klein, dass eine*

Wenn du glaubst und loslässt,
entspringt aus dieser Mitte
das Quellwasser des HERZENS.

*Nadelspitze schon zu groß für ihn ist. In ihm gibt es weder hoch noch tief, weder gut noch schlecht. Alles entsteht von dort aus, und alles kann dort aufgelöst werden. Auch wenn du die Natur der Dinge noch nicht erkennst, lasse immer wieder alles an deinen Ursprung los. Nach und nach wirst du dich dann selbst neu entdecken als jemanden, der ohne Wankelmut den Weg der Mitte findet.*

## 25.

### Zwei Freunde, ein Traum
두 친구의 꿈

In einem Dorf lebten zwei Freunde als Nachbarn. Wie zwei Brüder waren sie zusammen aufgewachsen, und wenn man den einen sah, wusste man, dass der andere nicht weit sein konnte.

Eines Nachts hatte einer der beiden einen Traum, der ihn den ganzen Tag beschäftigte. Obwohl er nichts eigentlich Schreckliches oder Furchteinflößendes geträumt hatte, vermochte er doch die Ahnung nicht abzuschütteln, dass dieser Traum ein böses Omen war. Zusammen mit seinem Freund suchte er schließlich einen nahe gelegenen Tempel auf, um dort Rat zu erhalten. Mit sorgenvoller Miene berichtete er dem Mönch, der sie dort freundlich empfing: »Sunim, heute Nacht hatte ich einen sehr merkwürdigen Traum, der mir einfach nicht aus dem Sinn will. Der Traum endete damit, dass ich einen großen leeren Bambuskorb erhielt. Es mag sich vielleicht komisch anhören, aber ich werde den Gedanken nicht los, dass dieser Korb ein Zeichen für kommendes Unglück sein könnte.«

Der Mönch, der aufmerksam zugehört hatte, begann zu lachen: »Mein herzlicher Glückwunsch! Du wirst heute zu einem Festmahl eingeladen werden und dir dort mit köstlichen Speisen den Magen füllen. Ich gratuliere dir!«

»Für die Zukunft bedenke aber eines«, fuhr er, nun ernster geworden, fort, »was immer du auch träumen magst, denke nicht schlecht darüber, sondern versuche immer, das Gute zu sehen! Alles hängt vom HERZEN des Menschen ab. Bemühe dich daher selbst darum, dein HERZ rechtschaffen und aufrecht zu führen.«

Sein Freund hatte die ganze Zeit still dabeigesessen und alles mitangehört. Ohne dass er es verhindern konnte, spürte er, wie sich in seinem Herzen der Stachel der Eifersucht regte. Neidisch dachte er bei sich: »Es sieht ganz so aus, als erhalte er eine tolle Einladung. Warum widerfährt so etwas immer den anderen? Gibt es irgendetwas, was er hat, mir aber abgeht? Wenn ich doch auch einmal den Segen des Mönchs erhalten könnte!«

Wie vorhergesagt, erhielt der Träumer tatsächlich eine Einladung für den nämlichen Abend. Gemeinsam gingen die beiden Freunde zum Festhaus, wo sie und die anderen Gäste mit den leckersten Speisen auf das Herzlichste verwöhnt wurden. Als sie schließlich das Festhaus verließen, waren sie so satt, dass sie kein Reiskorn mehr hätten essen können. Der durch den Neid hervorgerufene Hunger des zweiten Freundes aber war noch nicht gestillt.

Die ganze Nacht lag er wach, grübelte und überlegte hin und her. Als endlich der Morgen anbrach, suchte er nochmals den Mönch auf.

»Sunim, Ihr werdet es kaum glauben, aber in der letzten Nacht habe ich genau das Gleiche geträumt wie mein Freund zuvor! Und auch ich habe im Traum einen großen leeren Bambuskorb erhalten. Was könnte das wohl bedeuten?«

Der Mönch musterte ihn eine Weile, dann sagte er: »Gib gut auf dich acht! Du musst sehr vorsichtig sein. Der Traum bedeutet viele Schläge.«

Der Freund traute seinen Ohren nicht. Der gleiche Traum, der gleiche Korb, anstatt guter Worte jedoch nichts als dunkle Drohungen – was sollte das, warum wurde er benachteiligt? Schlecht gelaunt, murrend und schimpfend ging er nach Hause. Vor einiger Zeit aber hatte er sich über jemanden lustig gemacht. Der sah sich in seiner Ehre gekränkt und kam am selben Abend mit einigen Männern, um ihm eine Tracht Prügel zu verpassen. Die Abreibung fiel so kräftig aus, dass er drei Tage lang das Bett hüten musste.

Während er so dalag und jeden Knochen einzeln spürte, fand er viel Zeit zum Nachdenken. Wie ungerecht das alles war! Der Scherz, den er sich mit dem anderen erlaubt hatte, war es bestimmt nicht wert, dafür so verprügelt zu werden. Und der Traum ... er hatte ihn ja nicht einmal wirklich geträumt! Wie also konnte der Mönch vorhersagen, dass er Schläge erhalten würde? Die Sache ließ ihm keine Ruhe. Trotz seiner Schmerzen wälzte er sich am vierten Tag ächzend und stöhnend aus dem Bett und machte sich erneut auf den Weg zum Tempel. Dort wurde er von dem Mönch bereits erwartet. Ohne sich mit Höflichkeiten aufzuhalten, kam er sofort zur Sache: »Sunim, der Traum, von dem ich Euch erzählte hatte, war bloß erfunden. Aber die Prügel, die ich bezogen habe, die waren sehr wirklich. Wie kann das sein?«

Auflachend erwiderte der Mönch: »Auch deine listig gesponnenen Gedanken sind nichts anderes als ein Traum. Aus bloßem Neid hast du einen Traum erdichtet und dann auch noch erwartet, dafür eine Belohnung zu erhalten. Du hast ganz genau das bekommen, was du verdient hast.«

꙳

*Eigentlich ist es nicht so sehr von Bedeutung, ob er den Traum wirklich gehabt hat oder nicht. Die Frage ist vielmehr, wie ein Mensch sein HERZ nutzt. Gibt es denn überhaupt so etwas wie »echte« oder »falsche«, »gute« oder »böse« Träume? In dieser Welt, in der wir jetzt leben, wirken Materielles und Geistiges zusammen in Einheit. Viele Menschen handeln jedoch wie der Mann, der den Traum erfunden hat, weil sie nur auf die materielle Seite der Welt* schauen. Aber nicht nur der Traum während des Schlafs, sondern alles, was wir im Leben mit unserem HERZEN hervorbringen, ist ein Traum.

Schau deshalb nicht weg, wenn du Menschen siehst, die an Krankheiten oder unter Naturkatastrophen leiden, sondern frage dich in Gedanken: »Wie könnte ich diesen Menschen helfen?« Das ist ein guter Traum, und wenn sich solche Träume häufen, folgt Gutes. Wird aber im Gegenteil ein HERZ ständig nur mit Gedanken gefüllt, wie man mehr haben oder wie man anderen schaden kann, so ist das ein schlechter Traum, der einen wie ein Dämon verfolgt. Wer so ein Bewusstsein geschaffen hat, wird zuletzt wie ein böser Geist. Deshalb ist es so unsagbar wichtig, bewusst wahrhaftige Gedanken hervorzubringen.

Außerdem: Selbst wenn du einen Albtraum hattest, solltest du nichts Schlechtes denken, sondern damit umgehen, wie der Mönch in der Geschichte den Freunden geraten hat. Denke nicht etwa auf diese Weise: »Oh je, das war ein böser Traum. Es sieht ganz so aus, als ob mir etwas Ungutes geschehen wird.« Wenn du so denkst, folgt dein ganzes Bewusstsein nach. Das heißt, alle Lebewesen in dir und deren Bewusstsein richten sich nach diesem einen Gedanken. Dann kann es tatsächlich nicht anders kommen, als dass dir etwas Schlechtes widerfährt.

## 26.

### *Wie ein Tausendfüßler*

지네의 걸음걸이

Der Fuchs beobachtete einen Tausendfüßler, der emsig seines Weges lief. Er schnitt ihm den Weg ab und fragte: »He du, wie kannst du so schnell laufen, ohne dich zu verheddern? Auf Dutzenden von Beinen läufst du in alle möglichen Richtungen, hältst an, läufst weiter, schnell oder langsam, und das alles, ohne zu stolpern! Das ist kaum zu glauben!«

Der Tausendfüßler betrachtete seine Beine, als ob er sie zum ersten Mal sähe, und musste dem Fuchs zustimmen: »Oh, tatsächlich, das ist wirklich schwer zu verstehen.« Doch als er weiterlaufen wollte, gerieten ihm seine vielen Beine auf einmal hoffnungslos durcheinander. Seitdem vermochte der Tausendfüßler keinen Schritt mehr vor den anderen zu setzen.

*Die Vertiefung des geistigen Weges und das alltägliche Leben sind wie die Schritte des Tausendfüßlers. Es gibt so viele Dinge, die wir völlig natürlich und sozusagen automatisch*

Lückenlos wie fließendes Wasser,
so soll sich unser HERZ der Wahrheit anpassen.

*tun: Wir trinken, wenn wir durstig sind; wir essen, wenn wir hungrig sind; nach dem Essen verdauen wir und scheiden aus; und, wenn wir müde sind, dann schlafen wir.*

*Alles kommt aus deinem eigenen Ursprung. Lass alles an den Ursprung los, dann wirst du über nichts stolpern. Vertraue völlig der schöpferischen Kraft deines Ursprungs. Das ist auch nichts anderes, als zu essen und zu verdauen. Bei den meisten ist aber das Vertrauen nicht stark genug. So kommt es, dass in ihnen viele unnötige Gedanken aufsteigen, Gedanken, die dann verschiedene Störungen verursachen. Diese Störungen werden zu Stolpersteinen, die ein Voranschreiten gänzlich verhindern können. Wenn du aber alles dorthin zurückkehren lässt, wo es ursprünglich herkommt, fließt alles automatisch so, wie es fließen sollte.*

## 27.

### *Die endlose Liebe der Eltern*
부모의 끝없는 사랑

Ein Ehepaar blieb lange kinderlos. Endlich, sie hatten die Hoffnung fast schon aufgegeben, erfüllte sich ihr lang gehegter Wunsch. Die Frau schenkte einem kräftigen Jungen das Leben, und die glücklichen Eltern erzogen ihren Sohn mit all ihrer Liebe. Rasch gingen die Jahre dahin. Ihr Sohn wuchs heran, wurde erwachsen und heiratete. Zur Hochzeit überschrieben die Eltern dem jungen Paar ihr gesamtes Vermögen voller Vorfreude auf kommende Jahre des gemeinsamen Glücks mit Kindern und Enkeln. Es war aber noch kein Jahr vergangen, als die jungen Leute ohne das Wissen der Eltern bis auf das Wohnhaus den gesamten Familienbesitz verkauften und sich heimlich davonmachten.

Für die alten Leute brach eine Welt zusammen. Ihr Zorn und ihre Trauer über das niederträchtige Verhalten ihres Sohnes kannten keine Grenzen. Mit der Zeit aber wurde ihnen mehr und mehr bewusst, wie sehr sie ihn trotz allem liebten. Täglich hofften und warteten sie voller Ungeduld auf die Rückkehr der Kinder, und mit dem

Warten wuchs ihre Sorge um deren Wohlergehen. Der Verkauf des kleinen Anwesens konnte nicht viel eingebracht haben. Was würde aus den Kindern werden, wenn sie alles verbraucht hatten? Warum hörte man nichts von ihnen? Lagen sie irgendwo hilflos und krank? Oder waren sie – der Himmel bewahre! – gar schon tot? Tagein, tagaus beteten sie für ihre Kinder, dass ihnen, wo immer sie auch waren, nur kein Leid geschehe, dass sie von Hunger, Krankheit und Unheil verschont blieben.

Mit diesen Sorgen blieben die beiden Alten in dem kleinen Haus, solange es ihre Kräfte zuließen. Wie sonst konnten ihre Kinder zu ihnen zurückfinden? Schließlich aber mussten sie ihr Haus verkaufen und zogen in ein Kloster. Dort arbeitete die Frau in der Küche, und der Mann kümmerte sich um das Brennholz. Nach einigen Monaten verschied der Mann, und es dauerte nicht lange, bis ihm seine Frau nachfolgte. Beide wurden in einem nahe gelegenen Dorf wiedergeboren und traten später als Mönche in das nämliche Kloster ein.

Eines Tages musste der Jüngere der beiden Mönche, der im früheren Leben die Ehefrau gewesen war, wegen einer wichtigen Besorgung in die Stadt. Als er zum Kloster zurückkehrte, führte ihn sein Weg an einer baufälligen Hütte vorbei. Da die Tür der Hütte offen stand, warf er einen kurzen Blick hinein. Welch ein erbärmlicher Anblick bot sich ihm hier! Teilnahmslos vor sich hin stierend, saß drinnen ein älteres Paar. Hemd und Hose des Mannes waren so zerschlissen, dass man sie kaum noch als Kleider bezeichnen konnte. Die Frau hingegen war nur in schmutzige Fetzen gehüllt, die schon jede Ähnlichkeit mit Kleidung verloren hatten. Gezeichnet von Hunger und Armut, schienen die beiden zu schwach zum Leben und doch zu stark noch zum Sterben zu sein.

Der jüngere Mönch wurde von heftigem Mitgefühl ergriffen. Kaum im Kloster angekommen, suchte er sofort seinen älteren Dharmabruder auf und berichtete, was er gesehen hatte. Der lauschte mit ganzer Aufmerksamkeit der Erzählung seines jüngeren Gefährten und gab ihm dann eine Anweisung: »Gehe zurück zu der Hütte und sage den Leuten, dass sie ihre Kleidung Buddha opfern sollen.« In diesem Moment kam ihr Meister dazu. Nachdem auch er die ganze Geschichte angehört hatte, lachte er auf: »Die himmlische Familienbindung verschwindet nicht ins Nirgendwo. In eurem früheren Leben wart ihr ein Ehepaar. Die alten Leute dort in der Hütte, das sind eure Kinder. Der Mann ist euer Sohn und die Frau eure Schwiegertochter.«

Die Enthüllung des Meisters traf die beiden Mönche im Innersten. Erschüttert murmelte der Ältere, mehr zu sich selbst als zu den anderen: »Wie ist das nur möglich? Schon im vergangenen Leben und mehr noch in diesem habe ich unentwegt für sie gebetet. Wie konnten sie trotzdem in solch eine elende Lage geraten?«

»Eltern und Kinder«, erklärte der Meister, »alle unterliegen dem Gesetz von Ursache und Wirkung. Ihr habt geerntet, was ihr gesät habt. Ebenso müssen eure Kinder die Früchte ihrer eigenen Saat ernten. Daran führt kein Weg vorbei. Leider sind die Herzen eurer Kinder ganz erfüllt von den drei Giften Gier, Wut und Unwissenheit. In ihnen ist kein Raum. Auch wenn ihr noch so viel geben möchtet: Sie können eure Gebete und euer Mitgefühl nicht annehmen.«

Entschlossen, den beiden verirrten Seelen zu helfen, kehrte der jüngere Mönch zu der Hütte zurück. Als die beiden Alten aber vernahmen, dass sie das Einzige, was ihnen noch geblieben war, nämlich ihre Kleidung, opfern sollten, herrschte in der Hütte helle Aufregung. Erst als der Mönch sie mit ganzem Nachdruck zu dieser Opfergabe ermutigte, zogen sie schließlich ihre alten Kleider aus und gaben sie ihm. Damit sie notdürftig ihre Blöße bedecken konnten, ließ er ein paar von den alten Fetzen zurück; den Rest nahm er mit sich. Die alten Leute aber konnten, halbnackt wie sie waren, fortan die Hütte nicht mehr verlassen.

Die dreckige und stinkende Kleidung an einem Stock vor sich hertragend, kam der jüngere Mönch zurück ins Kloster. Dort nahm der Ältere die Lumpen in Empfang, wusch sie mehrmals und sagte: »Mit dem Oberteil polieren wir die Buddhahalle, und mit dem Unterteil reinigen wir unsere Zimmer.« Da die Mönche morgens und abends putzten, war von den Fetzen nach wenigen Tagen kaum mehr etwas übrig. Die letzten Reste verbrannten die Mönche und tranken die in Wasser gelöste Asche. Wie kann man diese Liebe mit Worten beschreiben? In ihrem Vorleben waren sie als Eltern aufopferungsvoll bis zum Letzten, und jetzt handelten sie als Mönche voller Erbarmen!

Nach einer Weile bemerkten die Leute im Dorf, dass das alte Ehepaar, das sonst jeden Tag betteln kam, schon lange nicht mehr aufgetaucht war. Früher mochte keiner der Dorfbewohner mit den Alten etwas zu tun haben, nun aber hatten sie plötzlich Mitleid mit ihnen und fragten sich, ob ihnen etwas zugestoßen war. Andere vermuteten, dass sie vielleicht schon tot waren. Schließlich gingen einige zur Hütte, um nach dem Rechten zu sehen. Dort fanden sie das Ehepaar schwer krank. Völlig entkräftet und vor Kälte zitternd waren sie dem Tod nahe. Die Leute beschlossen, die beiden nicht auf diese Weise sterben zu lassen. Also brachten sie das Bettlerpaar ins Dorf, wo sich die Frauen ihrer annahmen. Unter der herzlichen Pflege und Fürsorge erholten sich die alten Leute und verbrachten so eine Reihe angenehmer Tage. Die liebevolle Güte und Zuwendung, die ihnen zuteil wurden, ließ aber die Erinnerung an ihre Eltern in ihnen wach werden. Und zum ersten Mal dachten sie an das Leid, das sie diesen einst zugefügt hatten.

Voll Reue suchten sie das Kloster auf, in dem ihre Kleidung dargebracht worden war. Dort wurden sie von den beiden Mönchen und dem Meister empfangen. Ohne lange Vorrede begannen die alten Leute sich zu erklären: »Wir haben viele Sünden begangen und mussten aus diesem Grund viel Leid ertragen. Ihr habt uns dazu gebracht, unsere alte Kleidung zu opfern. Nur weil wir Eurem Rat gefolgt sind, geht es uns jetzt so gut. Wie aber ist es unseren Eltern ergangen? Mussten sie viel leiden? Wie sind sie gestorben?«

»Eure Mutter und euer Vater«, erwiderte der Meister, »stehen direkt vor euch – sie sind diese beiden Mönche hier!« Wie vom Donner gerührt starrte das alte Paar den Meister und die Mönche an, unfähig, das Gehörte vollständig zu begreifen. Ruhig fuhr der Meister fort: »Die frühere Gestalt eurer Eltern ist vergangen. Sie wurden als Menschen wiedergeboren und stehen nun als diese beiden Mönche vor euch. In der Vergangenheit liebten sie euch bedingungslos, und auch jetzt sind sie mit ihrer ganzen Hingabe für euch da. Sie haben eure Kleider als Opfergabe entgegengenommen, die Lumpen gewaschen und mit ihnen das Kloster gereinigt. Die allerletzten Reste haben sie verbrannt und dann die Asche mit Wasser getrunken. So sind die Herzen von Eltern.«

Das alte Paar ergriff die Hände der Mönche. Ohne noch etwas sagen zu können, starben sie. Aber sie starben in den Armen der Eltern. Die Mönche indessen umarmten ihre Kinder inniglich und wurden eins mit ihnen und allem, was sie getan hatten. Auf diese Weise befreiten sie die Kinder aus ihrer Unwissenheit und erretteten sie. Zugleich aber erlangten die Mönche großen inneren Frieden.

⚬

*Alles, was du für jemand anderen tust, tust du letzten Endes für dich selbst. Was du getan hast, kommt in gleicher Weise auf dich zurück. Wenn du dich aufrichtig und hingebungsvoll der Schulung deines HERZENS widmest, wird dann dein Karma nicht schneller schmelzen? Deine eigenen Nöte kennst du gut, doch was ist mit den Nöten der anderen? Wenn du die Leiden der anderen nicht linderst, praktizierst du dann richtig?*

*Übe aufrichtig mit ganzem Herzen! Wir alle sitzen in einem Boot – können wir da nicht eine Handvoll Reis zusammen essen? Diese eine Handvoll Reis sättigt das ganze Universum, und es bleibt immer noch etwas übrig.*

## 28.

### *Nanyue poliert einen Ziegel**

마조와 기왓장

Der ehrwürdige Nanyue war Abt des Klosters Prajna am Berg Heng. Er hatte die große Erleuchtung erlangt und seine Gabe, die Lehre zu vermitteln, war ohne Beispiel. Aus diesem Grund war das Kloster erfüllt von Mönchen, die unter seiner Führung den inneren Weg vertiefen wollten. Einer dieser Schüler war der junge Mönch Mazu. Zusammen mit den anderen erhielt er Unterweisung und schulte seinen Geist. Mit allen körperlichen und geistigen Kräften bemühte er sich darum, sein HERZ zu erkennen, und seine Ausdauer in der Meditation wurde von keinem übertroffen. Meister Nanyue schenkte ihm besondere Aufmerksamkeit, denn er hatte Mazus wachen Geist wahrgenommen.

Nun aber saß Mazu bereits seit Tagen in Meditation, als ihn sein Meister aufsuchte. Eine Weile betrachtete er den

---

* Die Geschichte von Nanyue (jap. Nangaku) und Mazu (jap. Baso) wurde erstmals überliefert im *Chuanteng Lu* (»Weitergabe der Leuchte«, jap. *Dentoroku*), einem Klassiker der chinesischen Zen-Literatur aus dem 11. Jahrhundert.

in Meditation Versunkenen, dann nahm er die Scherbe eines Dachziegels auf, setzte sich neben seinen Schüler und begann, an der Scherbe zu reiben. In runden, gleichmäßigen Bewegungen rieb er unablässig den Ziegel und hörte nicht mehr auf damit. Mit höchster Konzentration rieb er beharrlich weiter. Dieses seltsame Verhalten des Meisters dauerte schon fast einen ganzen Tag, da konnte Mazu seine Frage nicht länger unterdrücken:

»Meister, warum macht Ihr das?«

»Ich poliere den Dachziegel, um einen Spiegel daraus zu machen.«

»Kann man durch Polieren einen Dachziegel zu einem Spiegel machen?«

»Kann man durch Sitzen zu einem Buddha werden?«

Diese Frage versetzte Mazu einen Schlag, der ihn bis ins Mark erschütterte. Entgeistert fragte er den ehrwürdigen Nanyue: »Meister, was soll ich denn tun?«

»Wenn sich der Karren nicht bewegt, wen schlägst du dann? Den Karren oder den Ochsen?«

»Natürlich den Ochsen!«

»Richtig, denn der Ochse ist das HERZ, und der Karren ist der Körper.«

In diesem Augenblick erlangte Mazu Erleuchtung.

*Das HERZ ist der Mittelpunkt. Deshalb betrachten manche Menschen den Körper als unwichtig. Andere dagegen schenken dem Körper ihre ganze Aufmerksamkeit und vernachlässigen ihr HERZ, obwohl auch sie meinen, sie verwirklichten die Lehre. Das gesunde HERZ wohnt im gesunden Körper, und ein gesunder Körper ist die Folge eines gesunden HERZENS. Ohne den Körper kann man nichts verwirklichen. Körper und HERZ sind nicht voneinander zu trennen, und daher kann man nicht sagen, dass eines wichtiger wäre als das andere.*

*Dennoch ist das HERZ der Herr, die Wurzel, der Ursprung von allem. Wenn du an einem Baum nur Äste und Blätter pflegtest, ohne dich um seine Wurzel zu kümmern – würde dieser Baum wohl gut wachsen? Genau das Gleiche gilt für das Üben. Um zu erwachen, musst du dich vom HERZEN, leiten lassen. Und dies gilt auch für das tägliche Leben.*

*Viele Menschen kennen diese Wahrheit schon. Trotzdem handeln und sprechen sie oft anders, als ihr Herz fühlt. Anstatt alles an den Ursprung loszulassen, bewerten sie die Dinge und handeln berechnend. Der ewige Ursprung aber überwindet Zeit und Raum und verbindet alles miteinander. Wenn du ihm alles anvertraust, fließt alles als eins in Gelassenheit.*

*Entdecke deinen Ursprung, den du schon in dir hast! Erkenne, erforsche ihn und sammle Erfahrungen mit ihm! Und setze deine Erfahrungen im alltäglichen Leben weise ein!*

Üben heißt, sich aus
dem Gefängnis der eigenen Gedanken
und Vorstellungen zu befreien.

## 29.

### *Tausend Schläge*
당나귀와 마부

In einem Dorf lebte einst ein Ehepaar. Leider schien ihre Verbindung unter einem unglücklichen Stern zu stehen, denn der Ehemann hatte eine schreckliche Angewohnheit: Immer wenn er Alkohol getrunken hatte, schlug er seine Frau. Am schlimmsten wurde es, wenn er richtig betrunken nach Hause kam. Dann verprügelte er sie manchmal so heftig, dass sie sich am nächsten Tag kaum rühren konnte. In beständiger Angst vor ihrem gewalttätigen Mann lebte die Frau wie in der Hölle.

Eines Tages kam ein Mönch am Haus der beiden Eheleute vorbei. Dort wartete die Frau voller Angst auf die Rückkehr ihres Mannes, der wieder einmal zum Trinken ausgegangen war. Als die Frau den Mönch erblickte, stürzte sie, ohne recht zu wissen, was sie da tat, aus dem Haus und hielt ihn fest. Unter bitteren Tränen klagte sie ihm ihr ganzes Leid und bat schließlich flehentlich: »Habt Erbarmen mit mir, ehrwürdiger Mönch. Ich kann dieses Leben nicht länger ertragen. Von ganzem Herzen bitte ich Euch: Helft mir armseliger Frau!« Erfüllt von

Mitgefühl vermochte der Mönch seinen Weg nicht weiter fortzusetzen. Schweigend betrachtete er die weinende Frau. Nachdem er eine Weile gezögert hatte, begann er, aus dem früheren Leben der beiden Eheleute zu erzählen.

In seinem Vorleben war der Mann ein Esel gewesen und die Frau sein Besitzer. Der Eselsbesitzer aber war ein äußerst jähzorniger Mensch. Bei jeder Gelegenheit drosch er mit der Peitsche so blindwütig auf das wehrlose Tier ein, dass man es nicht mit ansehen konnte. Dieses grausame Verhalten des Eselsbesitzers wurde zu der Ursache, welche die beiden – Esel und Besitzer – in diesem Leben als Ehepaar erneut zusammengeführt hatte.

Während die Frau dem Mönch zuhörte, war es ihr, als fügten sich die Teile eines Puzzles zusammen. Glasklar und mit völliger Gewissheit erkannte sie, dass all die Leiden, die sie jetzt erdulden musste, von ihr selbst verursacht waren. Aber auch wenn sie ihr Leid selbst zu verantworten hatte: Dieses qualvolle Leben konnte sie einfach nicht länger aushalten! Inständig bat sie den Mönch um Rat, was sie tun könne, um jenes Karma aufzulösen. Und der Mönch wies ihr einen klaren Weg:

»Dein Mann wird aufhören, dich zu schlagen, wenn du so viele Schläge bekommen hast, wie du selbst ausgeteilt hast. Rolle also eine Strohmatte zusammen, und stelle sie dorthin, wo er sie sehen und packen kann, wenn er betrunken nach Hause kommt. Die Matte ist aus Tausenden von Strohhalmen gemacht; ein Schlag mit der Matte begleicht deshalb Tausende von Schlägen mit der Peitsche.«

Stunden später kam der Ehemann volltrunken nach Hause. Wie immer griff er sich den nächstbesten Gegenstand und begann, seine Frau damit zu schlagen. Da die Frau dem Rat des Mönchs gefolgt war, war es die gerollte Strohmatte, die ihm in die Hände fiel. Der Ehemann musste in seinem Vorleben unzählige Schläge erhalten haben, denn das Schlagen wollte kein Ende nehmen. Schon am nächsten Tag ging der Mann wieder zum Trinken ins Dorf. Als er zurückkam, packte er abermals die Matte, um seine Frau zu schlagen. Doch merkwürdigerweise hörte er dieses Mal schon nach wenigen Schlägen auf und legte sich schlafen. Auch am dritten Tag kam er betrunken nach Hause. Kaum erblickte er seine Frau, packte er die Strohmatte. Doch als er gerade zum Schlag ausholen wollte, hielt er plötzlich in der Bewegung inne und zuckte zusammen, wie wenn ihm ein großer Schrecken in die Glieder gefahren wäre. Bestürzt starrte er auf die Matte in seiner Hand, als hätte er sie noch nie zuvor gesehen, dann warf er sie weit von sich, als ob sie seine Hand verbrennen würde. Längere Zeit stand er fassungslos da; endlich nahm er die Hand seiner vor Angst zitternden Frau. Tränen rollten über seine Wangen:

»Meine geliebte Frau! Wie konnte es nur dazu kommen? Warum habe ich dich die ganze Zeit nur so schrecklich geschlagen? Ich schäme mich so, und es tut mir unendlich leid! Es gibt nichts, womit ich mein abscheuliches Verhalten wiedergutmachen kann. Könntest du mir dennoch verzeihen?«

Seit diesem Tag war der Ehemann wie umgewandelt. Nur noch selten ging er jetzt zum Trinken aus dem Haus, und selbst wenn er einmal getrunken hatte, war die Gewohnheit, seine Frau zu schlagen, völlig verschwunden. Täglich bemühte er sich darum, seiner Frau so liebevoll zu begegnen, wie es ihm möglich war. So achteten sie einander und lebten fortan sehr glücklich.

❧

*In dieser Welt geschieht nichts ohne Grund. Nichts, was uns widerfährt, ist Zufall. Wenn wir Schmerz und Leid zu bewältigen haben, sollten wir die Schuld dafür nicht bei anderen suchen. Vielmehr sollten wir unsere eigenen Gedanken und unser eigenes Verhalten betrachten und dann eins nach dem anderen ändern. Nur so können wir unsere Lage umwandeln.*

*Wenn wir etwas aus tiefstem Herzen ändern wollen, müssen wir zuerst uns selbst ändern. Wir sollten die Lage, in der wir uns befinden, genau betrachten und zugleich auch die Gefühle und Gedanken, die aus ihr erwachsen. Geben wir*

*diese Gedanken und Gefühle vertrauensvoll an unseren Ur-*
*sprung zurück! Lassen wir alles an unseren Ursprung los!*
*Lassen wir auf diese Weise wieder und wieder los, werden*
*sich unsere Gedanken, Worte und Taten nach und nach ver-*
*ändern. Schließlich wird sich unser ganzes Leben ändern.*

*Ebenso ist es mit der Erziehung unserer Kinder. Auch*
*wenn sie uns großen Kummer bereiten, sollten wir al-*
*les dem Ursprung überlassen. Umarmen wir sie, liebevoll*
*und bedingungslos! Erziehen wir unsere Kinder mit dieser*
*Liebe, werden sie nicht vom Weg abkommen. Sind Eltern*
*und Kinder auch durch Tausende von Meilen voneinander*
*getrennt, können ihre HERZEN doch in einem einzigen Au-*
*genblick eins werden. Wir können nicht ermessen, welchen*
*unschätzbaren Wert das HERZ hat.*

*Das HERZ ist der wertvollste Schatz im ganzen Univer-*
*sum!*

## 30.

*Reise eines Zen-Meisters*
어느 선사의 여행

An einem kalten Wintertag wanderte ein Zen-Meister einen Bergpfad entlang. Kein Mensch war ihm an diesem Tag begegnet, kein Fuchs, kein Hase hatte seinen Weg gekreuzt; alles Leben schien sich zur Ruhe gelegt zu haben. Nur das gleichmäßig wiederkehrende Knirschen des Schnees unter seinem stetigen Tritt unterbrach die Stille, die über der Landschaft lag. Plötzlich aber vernahm er außer der Monotonie seiner Schritte ein weiteres Geräusch. Es war unverkennbar der Klang einer menschlichen Stimme. Er hielt inne und lauschte. Deutlich hörte er nun eine Frau schluchzen. Suchend ließ er seinen Blick über die Umgebung schweifen und erblickte seitlich vom Weg eine Ansammlung von Grabhügeln. Dort schien das Schluchzen herzukommen. Langsam näher herangehend, sah er eine Frau zwischen den Gräbern hocken. Den Oberkörper hin und her wiegend, hielt sie ein lebloses Kind in ihren Armen und weinte bitterlich. Trotz der eisigen Kälte trug sie dünne Sommerkleider, und das Kind war lediglich in ein altes Tuch gewickelt. Neben der Frau war die dünne Schneeschicht vom Boden weggekratzt worden. Wie ihre blutigen Finger verrieten, musste sie vergeblich versucht haben, mit bloßen Händen ein Loch in die gefrorene Erde zu graben.

Ohne den Meister zu bemerken, begann die Frau laut zu klagen, wobei ihr mit heftigem Schluchzen immer wieder die Stimme versagte: »O mein Sohn, mein Sohn! Nach dem Tod deines Vaters lebte ich nur noch für dich. Jetzt bist du auch tot. Seit neun Generationen immer nur ein einziger Sohn! Mit dir ist unsere ganze Familie gestorben. Wie soll ich weiterleben? Lass uns zusammen gehen, zusammen zu deinem Vater gehen!«

Ergriffen von diesem Bild tiefen Leids wandte der Meister seine Aufmerksamkeit dem Kind zu. Eingehend betrachtete er es mit seinem inneren Auge, bis er sich ganz sicher war: Dieses Kind war gestorben, lange bevor die ihm bemessene Lebensspanne abgelaufen war. Vorsichtig trat er nun hinzu und machte sich der Frau bemerkbar. Mit einer leichten Berührung vergewisserte er sich, dass der Körper des Kindes noch nicht erkaltet war. Dann sagte er zu der Frau: »Wenn wir die Seele deines Kindes schnell finden und zurückholen, dann könnte es leben. Ich werde mich sofort auf die Suche machen. Während ich weg bin, musst du dein Kind warmhalten und die Kerze deines HERZENS entzünden. Erlischt die Kerze deines HERZENS, bevor ich zurück bin, werden dein Sohn und ich nicht mehr zurückkehren können.« Da keine Zeit zu verlieren war, ließ sich der Meister auf der Stelle in den Lotussitz nieder und versetzte sich augenblicklich in tiefe Versenkung. Während sein Körper neben der Frau sitzen blieb, machte sich seine Seele auf ins Jenseits.

Zuerst gelangte er in das Reich der Täuschungen. Alle Seelen müssen nach dem Tod durch dieses Reich hindurchgehen, bevor sie ihren Weg fortsetzen können. Wie der Meister aber gewahrte, irrten hier unzählige Seelen ziellos umher, scheinbar unfähig, sich aus dem Reich der Täuschungen zu befreien. Daher sprach er zu ihnen: »Was ihr jetzt seht, die dunklen Geister, die wimmelnden Giftschlangen, die furchtbaren Schreckenswesen, all diese sind nichts als Trugbilder. Es gibt sie nur aus einem einzigen Grund: Sie sind da, weil ihr denkt, dass sie wirklich sind. Wenn ihr aber in dem Wissen, dass alles nur Schein ist, entschlossen weitergeht, wird sich jeglicher Schrecken spurlos auflösen.«

Mit diesen Worten führte der Meister die Seelen aus dem Reich der Täuschungen hinaus und erreichte mit ihnen das Reich des Feuers. Doch als er in das Feuer eintrat, konnten die Seelen ihm nicht folgen. Zu groß war ihre Angst, in der immensen Hitze verbrannt zu werden. Wieder unterwies sie der Meister: »Ihr denkt, dass ihr im Feuer verbrennen werdet, weil euer Bewusstsein immer noch der Vorstellung eines Körpers anhaftet. Ihr besitzt aber keinen Körper mehr, daher kann euch das Feuer nichts anhaben. Befreit euch von euren alten Gedanken, dann hat das Feuer keine Wirklichkeit!« Daraufhin durchquerten die Seelen zusammen mit dem Meister die Welt des Feuers und konnten nun endlich frei ihrer Wege gehen.

Indessen begab sich der Meister eiligst zum Wächter über diesen Bereich: »Ich bin gekommen, um eine Seele zu suchen, die eines vorzeitigen Todes gestorben ist.« Der Wächter nahm ein großes Verzeichnis zur Hand, aber der Junge war nicht darin eingetragen. »Da ich seinen Namen hier nicht finden kann«, bedeutete er dem Meister, »solltet Ihr im Reich der Namenlosen nach dem Kind suchen.« Der Wächter hatte seinen Satz noch nicht zu Ende gesprochen, als der Meister schon weitergeeilt war.

Im Reich der Namenlosen angekommen, sah er unzählige Seelen, die eines vorzeitigen Todes gestorben waren. Zusammen mit dem dortigen Wächter fand er aber tatsächlich die Seele des Jungen. Eiligst verließ er mit ihr das Reich der Namenlosen und die Welt der Toten und führte diese Seele zurück in die Welt der Lebenden.

Die Mutter, die inständig auf die Rückkehr des Meisters wartete, hatte inzwischen ihre letzten Kräfte verbraucht. Das Licht ihres HERZENS flackerte nur noch, und sie stand kurz davor, selbst das Leben auszuhauchen. Als aber der Meister die wiedergeholte Seele in den Körper des Kindes zurückgab, wurde das Kind in den Armen der Mutter wieder lebendig. Dies ließ auch ihre Lebensgeister zurückkehren, sie spürte, wie neue Kraft und neuer Lebensmut sie durchströmten, und weinend vor Glück umarmte sie ihren verloren geglaubten Sohn.

Der Meister aber lachte erleichtert auf und sagte: »Nachdem ich im Reich der Täuschungen, im Reich des Feuers und im Reich der Namenlosen gewesen bin, wurde mir erneut bewusst, dass nichts wirklich existiert.«

⚜

*Das zu Lebzeiten geschaffene Bewusstsein verschwindet nicht mit dem Tod, so hartnäckig sind unsere Anhaftungen.*

*Unser HERZ hat keine Gestalt, daher ist es eigentlich vollkommen frei, und es gibt nichts, worüber es stolpern kann. Unser Bewusstsein aber mit den von uns angesammelten und festgehaltenen Gedanken – wie zum Beispiel im Wasser ertrinken oder im Feuer verbrennen zu müssen – ist sehr zäh. Sich von jenem Bewusstsein zu befreien ist sehr schwierig, weil es während unseres Lebens in der materiellen Welt durch und durch von materiellen Gedanken geprägt wird.*

*Das HERZ hat zwar keine Gestalt, kennt weder Kommen noch Gehen und ist schneller als das Licht. Dennoch wer-*

den die festen Vorstellungen, die wir während der langen Zeit der Entwicklung in sterblichen Körpern geschaffen haben, zu starken Gewohnheiten. Deshalb bleiben wir auch nach dem Tod gefesselt, obwohl unser Körper schon nicht mehr existiert. Wer nach dem Tod seinen Weg frei gehen will, muss zuvor wenigstens diese Wahrheit erkannt haben.

Wenn wir erfahren wollen, wie das HERZ ist, dann sollten wir in uns selbst hineinschauen. Es gibt Zeiten, in denen wir uns über Nichtigkeiten ärgern, weil wir unsere festen Vorstellungen nicht loslassen können. Aber manchmal können wir selbst die größten Schwierigkeiten entschlossen loslassen und leichtfüßig voranschreiten. Das kommt daher, dass wir unbewusst das Wesen des HERZENS erkannt, die festen Vorstellungen abgelegt und dem Ursprung anvertraut haben.

Ob groß oder klein, ob hell oder dunkel: Betrachten wir nichts als zwei und lassen wir alles an unseren Ursprung los. Dadurch können wir nicht nur uns selbst befreien, sondern auch all die Lebewesen, mit denen wir in Verbindung stehen. Indem wir uns von unseren festen Vorstellungen befreien, können wir völlig frei in den Himmel fliegen und gleichzeitig auf der Erde tausend Blumen erblühen lassen.

Finde in deinem Herzen den Frühling,
in dem sich alle Jahreszeiten auflösen!

## 31

## Die spielsüchtige Schwiegertochter
시어머니의 사랑

In Wonju, einer kleinen Stadt in der Provinz Kangwon, lebte eine Frau, die auf dem Markt Sojasprossen verkaufte. Sie war in ärmsten Verhältnissen aufgewachsen und hatte keinerlei Ausbildung erfahren. Daher war es nicht einfach für sie, den Lebensunterhalt für sich und ihren Sohn zu verdienen. Ungeachtet aller Härten aber hatte sie sich ein gutes Herz bewahrt, war aufrichtig und fleißig. Und wie sie selbst war, so erzog sie auch ihren Sohn, der trotz ihrer bitteren Armut zu einem fröhlichen und lauteren Menschen heranwuchs. Durch unermüdliche Arbeit gelang es ihr im Lauf der Jahre, allmählich ihre finanzielle Lage zu verbessern. Dennoch ging sie weiterhin täglich zum Markt, ob es regnete, stürmte oder schneite. Ihr Sohn sollte später ein Leben frei von Armut und Entbehrung führen können. Das war ihr tiefster Herzenswunsch.

Der Sohn empfand großes Mitleid mit seiner Mutter, die sich unter Einsatz all ihrer Kräfte abmühte. Zu gerne hätte er die Schule aufgegeben und ihr geholfen. Doch als er einmal tatsächlich den Unterricht schwänzte und auf dem Markt erschien, wurde er keineswegs mit Lob und Dankbarkeit empfangen. Ganz im Gegenteil, seine Mutter, die sonst nie ein böses Wort sagte, tadelte ihn so heftig, dass ihm der Mund offen blieb. Umgehend musste er in die Schule zurückkehren, und danach versäumte er keinen Unterrichtstag mehr, sondern setzte seine Kraft daran, ein guter Schüler zu sein.

So absolvierte der Sohn erfolgreich die Schule. Dank der aufopferungsvollen Unterstützung seiner Mutter konnte er sogar die Universität besuchen. Er machte ein gutes Examen und erhielt unmittelbar nach dem Studium eine aussichtsreiche Anstellung bei einer großen Firma. Da er Sparsamkeit gelernt hatte, konnte er von seinem Verdienst schon bald ein kleines Häuschen erstehen, wo er mit seiner Mutter einzog. Kurz darauf fand er auch eine Frau und heiratete. Nun schien alles vollkommen. Ohne größere Sorgen lebten die drei harmonisch zusammen, und auf dem Weg zum Glück schien es kein Hindernis mehr zu geben. Doch kaum ein halbes Jahr nach der Hochzeit wurde er als Abteilungsleiter auf unbestimmte Zeit in ein fernes Land geschickt.

Die Versetzung war ein herber Schlag für seine junge Frau, und auch die Mutter hatte damit zu kämpfen. Um nicht in Traurigkeit zu versinken, versuchten die beiden Frauen einander zu helfen. Finanziell gab es glücklicherweise keine Probleme, denn das Geld, das der Sohn regelmäßig nach Hause schickte, war mehr, als sie zum Leben brauchten. Da die Mutter aber nicht untätig sein konnte und auch der Schwiegertochter nicht zur Last fallen wollte, begann sie wieder zum Markt zu gehen und Sojasprossen zu verkaufen. Die Schwiegertochter blieb zu Hause und kümmerte sich um den Haushalt. Meist war jedoch schon mittags alle Hausarbeit erledigt, und die träge dahinschleichenden Stunden des restlichen Tages lasteten schwer auf dem Gemüt der jungen Frau. In ihrer Einsamkeit lud sie Freundinnen ein, um sich die Zeit zu vertreiben. Jemand kam auf die Idee, Karten zu spielen, und um den Reiz des Spiels zu erhöhen, wurden kleine Einsätze vereinbart. Gewinne wechselten mit Verlusten, kleine Münzstapel wechselten die Besitzer, die Zeit verging wie im Flug. So begann als harmloser Zeitvertreib, was nach und nach zum Mittelpunkt ihrer Gedanken und Gefühle werden sollte. An die Stelle der Freundinnen traten irgendwann andere Menschen, die das Spiel ebenso ernst nahmen wie sie selbst. Die Einsätze wurden höher und höher. Schließlich floss alles Geld von ihrem Mann in das Glücksspiel, das zu ihrem einzigen Lebensinhalt geworden war.

Da die junge Frau ihre Spielleidenschaft vor ihrer Schwiegermutter verbarg, vergingen einige Monate, bis die bemerkte, wie es um ihre Schwiegertochter stand. Eindringlich versuchte sie, ihr ins Gewissen zu reden, erinnerte daran, wie hart ihr Ehemann fern der Heimat sein Geld verdiente, appellierte an ihr Gewissen, an ihre gute Herkunft. Doch aller Tadel, alle guten Worte waren vergeblich! Die Schwiegertochter war der Spielsucht bereits völlig verfallen. Nachdem es nun einmal heraus war, verbrachte sie fortan ungeniert ganze Tage beim Spiel. Die Schwiegermutter konnte kaum glauben, wie sehr sich ihre Schwiegertochter binnen weniger Monate verändert hatte.

Wie nicht anders zu erwarten, schmeckte es der jungen Frau überhaupt nicht, von ihrer Schwiegermutter ständig auf ihre Spielsucht hingewiesen zu werden. Warum gönnte ihr die Ältere nicht die einzige Freude, die ihr verblieben war? Um der Auseinandersetzung aus dem Weg zu gehen, spielte sie nun nicht mehr zu Hause, sondern anderswo. Immer wenn ihr der Druck zu groß wurde, verschwand sie einfach und blieb oft tagelang weg. So kam eine immer größere Spannung in die Beziehung der beiden Frauen, und zuletzt wurde die Lage unerträglich. An diesem Punkt erkannte die Mutter, dass sie eine wichtige Entscheidung zu treffen hatte. Wenn sie auf diese Weise weitermachten, wenn es ihnen nicht gelänge, ihre gegenseitige Verstrickung aufzulösen, dann würde die Familie unweigerlich auseinanderbrechen. Dies aber wollte sie unbedingt verhindern, und daher verließ sie das Haus, in dem sie einst für eine kurze Zeit so glücklich zusammengelebt hatten. Als die Tochter bemerkte, dass ihre Schwiegermutter ausgezogen war, erkannte sie mit einem Mal ihren schweren Fehler, und ihr Gewissen begann sie heftig zu schmerzen. Wie war es nur dazu gekommen, dass sie die Mutter so schlecht behandelt hatte? War ihr die Mutter nicht stets mit Liebe und Großzügigkeit begegnet? Aber trotz aller Reue: Vom Spielen vermochte die Schwiegertochter einfach nicht zu lassen.

Ein Jahr war vergangen, als der Sohn überraschend nach Hause zurückkehrte. Die Geschäfte im Ausland waren gut gelaufen, und deshalb wurde er von seiner Firma früher als vorgesehen nach Korea zurückgeholt. Nun befand sich die Schwiegertochter in großer Verlegenheit. In ihrer Not begann sie zu lügen: »Deine Mutter und ich haben gut gelebt mit dem Geld, das du uns geschickt hast. Eines Tages aber ging die Mutter aus dem Haus und kam nicht mehr zurück. Ich habe sogar die Polizei verständigt, aber bis heute gibt es kein Zeichen von ihr. Damit du dir keine Sorgen machst, habe ich dir nichts davon gesagt. Bitte verzeih mir!«

Der Sohn machte sich sofort auf die Suche. Tagelang suchte er an allen Orten, an denen er seine Mutter vermutete, und erkundigte sich überall nach ihr. Schließlich fand er sie und kam überglücklich mit ihr nach Hause. Die Schwiegertochter hatte indessen eine unbehagliche Zeit zugebracht. Als sie nun die Mutter erblickte, kniete sie vor ihr nieder und bat sie bitterlich weinend um Vergebung, sicher, bald aus dem Haus gejagt zu werden. Zu ihrer großen Überraschung aber zeigte die Mutter keine Spur von Groll. Nichts als reine Wiedersehensfreude stand ihr im Gesicht, als sie ihrer Schwiegertochter freundlich lächelnd antwortete: »Mein liebes Kind, du hast nichts Unrechtes getan. Alles war ganz allein meine Schuld.« Heimlich steckte sie später der Schwiegertochter sogar einen Umschlag mit Geld zu: »Gib es deinem Mann, und tu so, als wäre es Erspartes von unserem Lebensunterhalt.«

Die Mutter wusste, wenn ihr Sohn herausfand, was seine Frau getan hatte, würde er sie im Zorn verlassen. Weil sie das unbedingt verhindern wollte, hatte sie ein kleines Zimmer gemietet und sich als Tagelöhnerin verdingt. Um so viel wie möglich zu sparen, aß sie kaum etwas und trug nur alte Kleidung. Trotz ihres Alters und ihrer körperlichen Schwäche gönnte sie sich keinen einzigen Ruhetag.

Die Schwiegertochter erkannte, was die Mutter alles für sie getan hatte. Voller Scham und Reue stürzte sie in deren Arme und weinte wie ein kleines Kind. Von jenem Tag an hörte sie ein für alle Mal auf zu spielen und unterstützte und pflegte ihre Schwiegermutter, als wäre sie Buddha.

*Was wäre geschehen, wenn die Mutter ihrer Schwiegertochter nur mit Hass und Bitterkeit begegnet wäre? Wenn wir jemanden hassen und ihm gegenüber negative Gedanken hegen, schaden wir letztlich uns selbst, weil wir selbst darunter leiden. Deshalb sollten wir Böses nicht mit Bösem, sondern mit Gutem vergelten.*

*Auch wenn wir großen Ärger und Kummer haben, sollten wir dennoch nicht unüberlegt sprechen und handeln. Wir müssen die Weisheit entwickeln, uns in die Lage des anderen zu versetzen und uns selbst aufmerksam zu betrachten. Leben wir in dieser Haltung, kann es in Familie und Gesellschaft nur Frieden geben. Dann wird es keine Kriege mehr geben, und wir werden uns nicht mehr gegenseitig töten. Auch der kleinste Gedanke kann in der Welt viel bewirken. Der Anfang von allem ist unser HERZ. Deshalb gibt es keinen Grund, andere zu beurteilen oder zu tadeln.*

## 32

## Der Schuh des Bodhidharma

달마대사의 신 한짝

Nachdem Bodhidharma, der erste Patriarch des chinesischen Zen-Buddhismus, mit dem Schiff von Indien nach China gekommen war, wanderte er durch Südchina. Eines Tages ging er über einen schmalen Gebirgspfad, als er auf eine riesige Schlange stieß. Zusammengeringelt lag sie mitten auf dem Weg und rührte sich nicht vom Fleck. Das imposante Tier war so groß und schwer, dass selbst ein kräftiger Mann es nicht hätte aufheben können. Für gewöhnlich nehmen Schlangen Reißaus, wenn ihnen Menschen zu nahe kommen. Diese aber blieb regungslos auf dem schmalen Pfad liegen, sodass an ihr kein Vorbeikommen war. Wie Bodhidharma sah, befand sie sich – bewegt von dem innigen Wunsch, als ein Mensch wiedergeboren zu werden – in tiefster Übung. Er erkannte, dass jeder, der die Schlange in Unwissenheit aus diesem Zustand aufstörte, in großer Gefahr schwebte. Daher begab sich der Meister in Versenkung, verschmolz mit dem Bewusstsein der Schlange und führte sie tief in die Berge an einen Ort, wo kein Mensch je hinkam.

Als er nach einiger Zeit wieder zu dem schmalen Steig zurückkehrte, wo er seinen Körper zurückgelassen hatte, erlebte er eine unliebsame Überraschung. Sein Körper war verschwunden! An seiner Stelle saß ein dickbäuchiger, bärtiger Geselle mit buschigen Augenbrauen, hervortretenden Augäpfeln und struppigem Bart; ein Kerl also, der ganz nach einem üblen Straßenräuber aussah. Bodhidharma hatte keine Wahl. Ohne Körper war es nicht möglich, unerleuchtete Wesen zu befreien. Wohl oder übel musste er die Gestalt dieses Burschen annehmen. Aus diesem Grund wird Bodhidharma bis auf den heutigen Tag auf Bildern meist als zwielichtige Gestalt mit hässlichem Gesicht und dickem Bauch dargestellt. Von Natur aus besaß er eigentlich ebenmäßige Gesichtszüge und einen wohlgeformten Körper.

Dass Bodhidharma uneingeschränkt in der Gestalt anderer erscheinen konnte, blieb nicht lange verborgen und kam auch dem Herrscher der Liang-Dynastie, Kaiser Wu, zu Ohren. Der bat den erleuchteten Meister an seinen Hof nach Nanking. Dort wurde Bodhidharma sehr geehrt und vom Kaiser häufig um Rat gefragt. Kaiser Wu war nämlich dem Buddhismus gegenüber sehr aufgeschlossen und hatte in seinem Reich bereits mehrere buddhistische Klöster eingerichtet.

Eines Tages fragte der Kaiser, ein Lob des Meisters erwartend: »Ich habe für den Buddha Tempel erbaut, ich versorge die Mönche mit guter Nahrung und Kleidung, und die Großzügigkeit meiner Spenden wird überall gerühmt. Da ich schon so viele Opfergaben dargebracht habe: Wie viel Verdienst für das kommende Leben habe ich gesammelt?« Entgegen aller Erwartung aber kam die Antwort Bodhidharmas wie ein Schwertstreich: »Kein Verdienst!« Durch diese und weitere Antworten fiel Bodhidharma bei Kaiser Wu in Ungnade und wurde schließlich auf Anordnung des Kaisers vergiftet.

Nicht lange, nachdem der Körper des Meisters in den Bergen von Honan begraben worden war, befand sich ein Gesandter des Kaisers auf dem Rückweg von Indien nach China. Auf einem einsamen Bergpass begegnete er Bodhidharma, dessen unverwechselbare Erscheinung jedem am Hof wohlbekannt war. Der Meister wirkte wie immer; über der Schulter aber trug er einen Stock, an welchem ein einzelner Schuh baumelte. Der Gesandte, der nichts vom Tod Bodhidharmas wusste, freute sich sehr über die unverhoffte Begegnung mit dem großen Zen-Meister und erkundigte sich nach dessen Befinden: »Ich hoffe, Ihr wart in der Zwischenzeit wohlauf? Wohin seid Ihr unterwegs?«

»Ich gehe nach Westen – dahin, wo ich hergekommen bin«, erwiderte der Meister gleichmütig und wanderte weiter.

Als der Kaiser Wu diese Geschichte hörte, konnte er sie nicht glauben. Da der Gesandte jedoch hartnäckig auf der Wahrheit seines Berichts bestand, wurde der Kaiser schließlich ungehalten: »Was für ein Ammengeschwätz! Bodhidharma ist längst schon unter der Erde. Das Todesurteil wurde viele Tage vor deiner Rückkehr vollstreckt; er hat durch das tödliche Gift seine gerechte Strafe erhalten. Ich glaube kein Wort von dem, was du erzählst, es sei denn, meine eigenen Augen überzeugten mich davon!« Kurz entschlossen befahl er, unverzüglich das Grab Bodhidharmas zu öffnen. Wie groß aber war das Erstaunen, als sich darin nicht die Spur einer Leiche befand! Das Einzige, was in dem leeren Grab gefunden wurde, war ein einzelner Schuh. Erst in diesem Moment begriff der Herrscher: Bodhidharmas Absicht war, durch Unterweisung des Kaisers das ganze Volk zu erretten.

～∞～

*Bodhidharma wollte zeigen, wie man eine Gabe darbringen kann, sodass es zu einer heilsamen Tat wird. Geben ohne den Gedanken »Ich habe gegeben«, das ist eine heilsame Tat. Eine solche Tat kann nicht nur den Gebenden selbst, sondern auch viele andere Menschen retten. Erst wenn man etwas ohne den Ich-Gedanken tut, wird dieses Tun wahrhaftig zu einer heilsamen Tat.*

*Indem Bodhidharma einen Schuh zurückließ, wollte er verdeutlichen, dass im eigenen Ursprung das ganze Universum als eins vereinigt ist. Der an dem Holzstock getragene*

Mit leeren Händen gekommen,
nun lebe mit leerem HERZEN!

*Schuh war ein Mittel zu zeigen, dass wir selbst eine Erscheinung des Ursprungs in der Gegenwart sind. Unser ganzes Leben ist nichts anderes als ein Umhergehen mit einem an einem Stock aufgehängten Schuh. Die gleiche Wahrheit gilt auch in der Politik: Einen Schuh zum Himmel heben und mit dem anderen auf die Erde treten; nur so kann man weise regieren. Mit dem Ich-Gedanken oder dem Gedanken »Ich mache das« kann man ein Land nicht richtig führen. Aus solchen Gedanken entstehen keine heilsamen Taten.*

*Bodhidharma sah sich niemals in Zweiheit, weder in schöner noch in hässlicher Erscheinung, weder in menschlicher Gestalt noch in derjenigen der Schlange. Hätte der Meister »Ich« gedacht, hätte er nicht in die Schlange hineinschlüpfen können. Das war nur möglich, weil er die Wahrheit »Alles ist eins« vollkommen erkannt hatte.*

*Bodhidharma ist nicht gestorben, obwohl Kaiser Wu ihn vergiften ließ. Bodhidharma lebt heute noch, Shakyamuni Buddha lebt heute noch, und ihr alle, die ihr in Buddhas Zeit lebtet, seid auch heute noch da. In einem einzigen Augenblick vergeht die äußere Gestalt, und im nächsten Augenblick erscheint sie verändert wieder. Weil es schon zu Anfang kein Ich gab, gibt es auch kein Ich, das stirbt. Dass Bodhidharma in den Osten kam und nach Westen zurückging, ist, wie wenn wir die Treppe hinauf- und heruntersteigen. Das solltet ihr wissen.*

## 33.

### Wonhyos Erleuchtung
원효대사와 해골 바가지

Wonhyo war mit seinem Gefährten Uisang auf dem
Weg nach China. Kraftvolle junge Mönche, die sie waren,
kannten sie nur einen einzigen Wunsch: die Wahrheit
zu erkennen, welche Mühen es sie auch kosten mochte.
So hatten sie, wie viele vor ihnen, die unsichere und ge-
fährliche Reise nach China angetreten, um dort ihr bud-
dhistisches Studium zu vertiefen. Vor Wochen waren sie
in Kyongju, der Hauptstadt des Königreichs Shilla, auf-
gebrochen und hatten sich westwärts gewandt. Ihr Plan
war es, an der Küste ein Schiff zu finden, das sie über das
Westmeer nach China bringen würde.

Nun befanden sie sich tief im Innern des mit Shilla ri-
valisierenden Königreichs Paekche. Trotz großer Hitze
waren sie an jenem Tag schon viele Meilen gewandert.
Gerade setzte die Abenddämmerung ein, als schwarze
Wolken den Himmel verdunkelten und ein Unwetter
heraufzog. Schon fing es an, in dicken Tropfen zu regnen, und kurz darauf fiel der Regen so dicht, dass er sich
wie ein schwerer Schleier über die ganze Welt legte. Mit

der nahenden Nacht schwand noch das letzte Licht, und bald war es so dunkel, dass sie die Hand vor Augen kaum mehr erkennen konnten. Auf der Suche nach einem Unterschlupf für diese ungemütliche Nacht kamen sie mitten in der Einsamkeit unverhofft an eine Hütte. Aber offenbar war die Hütte von ihren Bewohnern schon vor langer Zeit verlassen worden. Die Tür hing lose in den Angeln, die Wände waren von dunklen Löchern durchbrochen, und die ganze windschiefe Hütte schien nicht weit vom Einsturz entfernt. Dennoch freuten sich die beiden Mönche über ihre Entdeckung, denn sie hatten glücklich ein Nachtlager gefunden. Zwar war es auch im Innern der Hütte feucht, weil es hie und da durch das undichte Dach tropfte, aber besser als draußen im strömenden Regen war es allemal, und zudem waren die beiden so müde, dass sie sofort einschliefen.

In der Nacht wachte Wonhyo auf, von einem brennenden Durst gequält. Noch immer regnete es, und in der Hütte war es stockdunkel. Schlaftrunken tastete er umher und stieß dabei an eine Schale, die mit Regenwasser gefüllt war. Wie köstlich, wie erfrischend das Wasser schmeckte! Ausgiebig stillte er seinen Durst, dann drehte er sich auf die Seite und schlief unter dem beruhigenden Rauschen des Regens zufrieden wieder ein. Gegen Morgen endlich hörte es auf zu regnen, die Wolken verzogen sich, und irgendwann fanden auch die ersten Sonnenstrahlen ihren Weg in die Hütte. Wonhyo erwachte. Ausgeruht stand er auf, streckte seine Glieder und schaute sich um.

Aber welch ein Anblick bot das Innere der Hütte! Das kalte Grausen packte ihn, als er begriff, was seine Augen sahen. Um das Nachtlager der beiden Mönche herum, kreuz und quer übereinander, lagen die Überreste menschlicher Körper, lagen Schädel, Knochen und Gebeine! Dies war keine normale Hütte. Die Hütte, in der sie die letzte Nacht friedlich geschlafen hatten, war eine Baracke, wohin man einst Opfer der Pest gebracht hatte, denen nicht mehr zu helfen war. Und die Schale, aus der er vergangene Nacht getrunken hatte? Sein Blick fiel auf einen mit Brackwasser gefüllten halben Schädel, in dessen Innerem noch etwas Fleisch haftete, worin sich Dutzende weißer Maden wanden. Furchtbare Übelkeit überfiel Wonhyo. Er stürzte ins Freie und, von heftigen Krämpfen geschüttelt, übergab er sich mehrmals.

Das qualvolle Stöhnen Wonhyos weckte Uisang. Besorgt um seinen Freund stolperte er aus der Hütte und fragte: »Was ist los? Was ist mit dir?« Wonhyo aber vermochte nicht zu antworten. Nur langsam ließen die Krämpfe in seinen Eingeweiden nach. Doch plötzlich kam ihm ein Gedanke, der ihn allen Schmerz vergessen ließ: »In der Nacht, als ich das Wasser nicht sehen konnte, schmeckte es köstlich. Jetzt, wo ich das Wasser und die

Maden gesehen habe, wird mir übel. Am Wasser aber hat sich nichts geändert. Es ist allein mein Geist, mein unterscheidender Geist, der mich dieselben Dinge einmal so und einmal so sehen lässt. Im Grunde wird alles von meinem HERZEN erschaffen. Was kann ich denn finden, wenn ich mein HERZ missachte?« Lächelnd blickte er auf und fragte den immer noch sorgenvoll dreinschauenden Uisang: »Wozu wollen wir eigentlich nach China?«

»Um die Wahrheit zu finden natürlich, warum fragst du so komisch?«, antwortete Uisang.

»Warum sollte es die Wahrheit, die wir in China suchen, nicht auch in Shilla geben? Ich denke, die Wahrheit ist in unserem HERZEN. Wenn wir wirklich die Wahrheit finden wollen, müssen wir unser HERZ betrachten.« Und auf der Stelle wandte Wonhyo sich um und kehrte zurück nach Shilla.

*Meister Wonhyo hatte erkannt, dass alle Gesetze der Welt in unserem geheimnisvoll und unaufhörlich sich manifestierenden HERZEN enthalten sind. Die Wahrheit ist im HERZEN. Das hatte er erfahren!*

*Wenn auch du die Wahrheit finden willst, von der alle Buddhas und Patriarchen sprechen, dann betrachte dein HERZ. Aus deinem HERZEN entspringen Tausende von Erscheinungen, und diese Tausende von Erscheinungen wer-*

Ziel des Buddhismus ist,
die Dinge so zu sehen, wie sie wirklich sind.

den in deinem HERZEN wieder eins. Nimm dein HERZ wie ein Koan als Mittel zur Erleuchtung. Halte es beharrlich fest und betrachte es mit aller Aufmerksamkeit! Dann wirst du klar sehen, worin dein HERZ gefangen und wovon es frei ist. Dann wirst du wissen, wie reich oder wie arm du bist. Dann wirst du erkennen, dass auch der Weg der wahren Befreiung aus deinem HERZEN entspringt. An jenem Ort des Ursprungs ist vollkommene Gelassenheit. Dort ist die vollkommene Freiheit, die das Gegenüber immer so spiegelt, wie es ihm entspricht: Großes groß und Kleines klein. Dieses HERZ ist das HERZ Buddhas.

# *Glossar*

**Bodhisattva:** erleuchtetes Wesen, das sein Eingehen in das *Nirwana* aufgeschoben hat, um alle Lebewesen auf den Weg der Befreiung zu führen.

**Buddha:** der Erwachte. Ein Mensch, der alle Anhaftungen überwunden und die vollkommene Erleuchtung erreicht hat. Siehe auch *Shakyamuni Buddha*.

**Buddha-Natur:** die wahre, unveränderliche und ewige Natur aller Wesen, das wahre Selbst.

**Chogye-Orden:** Vereinigung der verschiedenen koreanischen Zen-Schulen. Größter buddhistischer Orden Koreas.

**Dharma:** wörtlich »tragen«, »halten«. Ein Sanskrit-Begriff mit vielen Bedeutungen: das kosmische Gesetz, die Lehre Buddhas, alle Manifestationen der Wirklichkeit.

**Hanmaum-Seon:** zusammengesetzt aus *Han* (groß, alles, eins), *Maum* (siehe HERZ) und *Seon* (Zen); die von Meisterin Daehaeng begründete Schule des Zen.

**HERZ:** (für korean. *Maum;* chines. *Hsin*, jap. *Shin*), ein Begriff, zu dem es in der deutschen Sprache keine genaue Übersetzung gibt. Am ehesten entspricht *Maum* dem, was man als die geistige Dimension des Herzens bezeichnen könnte. Darüber hinaus bedeutet *Maum* das universale, alles hervorbringende, mit allem verbundene geistige Bewusstsein, das im Deutschen ungefähr mit dem Begriff »Allgeist« (koreanisch *Hanmaum*, im Text »das *eine*

HERZ«) ausgedrückt werden kann. Diesen »Allgeist« können wir nur mit unserem (geistigen) Herzen erfahren. So ergänzen sich die beiden angesprochenen, nicht voneinander zu trennenden Aspekte von *Maum*.

**Karma:** wörtlich »Tat«. Bezeichnet das Gesetz von Ursache und Wirkung. Wie die Gegenwart durch unsere körperlichen und geistigen Handlungen der Vergangenheit bestimmt wird, so wird die Zukunft das Resultat unserer jetzigen Handlungen sein.

**Koan:** (korean. *Gong-An*), paradoxe Frage, die nicht mit dem Intellekt, sondern nur durch intuitive Erkenntnis der zugrundeliegenden Wahrheit beantwortet werden kann. Im Zen-Buddhismus werden Koans systematisch zur Geistesschulung eingesetzt.

**Kunsunim:** zusammengesetzt aus *Kun* (groß) und *Sunim* (siehe dort). Respektvolle koreanische Anrede für buddhistische Meister.

**Moktak:** (jap. *Mokugyo*), hohles, rundes Schlaginstrument aus Holz zur Begleitung der Sutra-Rezitation.

**Nirwana:** wörtlich »Verlöschen«, das Ziel spiritueller Praxis in allen Richtungen des Buddhismus; Erfahrung der Einheit mit dem Absoluten durch vollkommene Verwirklichung der Buddha-Natur; die Erleuchtung.

**Reines Land:** (chin. *Ching-t'u*, jap. *Jodo*), das Land, in dem ein Buddha verweilt. Im Gegensatz zur jetzigen Welt ist das Reine Land frei von den drei Giften Gier, Hass und Unwissenheit. Oft wird es als eine von dieser Welt getrennte Sphäre der Seligkeit angesehen, die der westlichen Vorstellung des Paradieses nahekommt. Im tieferen Sinne aber offenbart es sich nach Überwindung der drei Gifte inmitten des gegenwärtigen Lebens als ein Zustand tiefen Friedens und allumfassender Barmherzigkeit.

**Schulung des HERZENS:** deutsche Übersetzung für das koreanische *Guann* (wörtl. »betrachten«). Daehaeng Kunsunim verwendet *Guann* oder das Wort *Guann-Studium* als Bezeichnung für einen direkt aus dem alltäglichen Leben erwachsenden aktiven Wahrnehmungsprozess, der zu einem immer tieferen Erkennen des eigenen Wesens führt. Grundlagen für die *Schulung des Herzens* sind der Glaube an die eigene Buddha-Natur und ihre unbegrenzte schöpferische Kraft, die von Bewertung freie, unverfälschte Wahrnehmung der Realität und das vertrauensvolle Loslassen des Wahrgenommenen an die Buddha-Natur.

**Shakyamuni Buddha:** der historische Buddha. Er wurde im 6. Jahrhundert vor unserer Zeitrechnung als Prinz Siddhartha Gautama in Kapilavastu, einer Stadt im heutigen Nepal, geboren. Er stammte aus dem Geschlecht der Shakyas (*Shakyamuni* bedeutet »der Weise aus dem Geschlecht der Shakyas«) und ist der Begründer des Buddhismus.

**Shilla-Dynastie:** koreanisches Reich und Herrschergeschlecht vom 1. Jahrhundert vor bis 10. Jahrhundert nach unserer Zeitrechnung.

**Sunim:** respektvolle koreanische Anrede eines Mönchs oder einer Nonne.

**Zen:** (korean. *Seon*, chines. *Ch'an*) bezeichnet die Sammlung des Geistes bzw. die Versunkenheit, in der alle dualistischen Unterscheidungen wie ich/du, Subjekt/Objekt, wahr/falsch aufgehoben sind. Nach der Überlieferung wurde der *Dharma* (siehe dort) in einer ununterbrochenen Kette der Übertragung von Meister auf Schüler bis auf den 28. indischen Patriarchen *Bodhidharma* weitergegeben. Bodhidharma brachte im 5. Jahrhundert den Buddhismus von Indien nach China und wurde dort zum ersten Patriarchen der chinesischen Linie des Zen. Von dort breitete sich der Zen-Buddhismus weiter nach Korea und Japan aus. Alle Schulen des Zen-Buddhismus betonen die zentrale Bedeutung der Meditation, die zur unmittelbaren Erfahrung der immer gegenwärtigen Einheit aller Dinge führen kann.

Gib allem um dich her Leben,
das ist der Weg des Buddha.

## Über die Autorin

Daehaeng Kunsunim wurde 1927 in Seoul geboren. Schon als Kind erwachte sie zu ihrem wahren Selbst und beschäftigte sich mit den grundsätzlichen Fragen des Lebens: »Wer bin ich, woher bin ich gekommen, und wohin gehe ich? Woher kommt das Leiden? Wer hat uns so erschaffen, dass manche reich, manche arm, manche krank und manche gesund sind?«

Um eine Antwort auf diese Fragen zu finden, ging sie, ihrer inneren Stimme folgend, in die Berge. Mehr als zehn Jahre verbrachte sie, völlig auf sich allein gestellt, in der Natur und vertiefte ihre Einsicht in die Einheit unseres Herzens mit dem Universum. Später erzählte Daehaeng Kunsunim über diese Zeit: »Alle Wesen und Dinge waren meine Lehrer. Wilde Tiere, Vögel, Steine, selbst ein einziger Grashalm, waren meine Meister und schenkten mir unendlich kostbare Lehren. All die Dinge, die mir begegneten, haben mich die Wahrheit erkennen lassen. Der größte Meister aber, der mich die ganze Zeit geführt hat, war mein eigener Ursprung, mein wahres Selbst. Wie hätte ich ohne all dies jemals die Wahrheit erkennen können, dass Buddha und alle fühlenden Wesen eins sind!«

Nach vielen Jahren der Wanderschaft und inneren Einkehr beschloss Daehaeng Kunsunim zu den Menschen zurückzukehren, um ihre Erkenntnisse auch anderen mitzuteilen. Sie ließ sich zunächst in einer kleinen Hütte unweit des halb verfallenen Bergtempels

Sangwon nieder. Obwohl sie dort sehr zurückgezogen lebte, verbreitete sich rasch ihr Ruf, ein Mensch außergewöhnlich tiefer Erkenntnis zu sein, sodass immer mehr Menschen mit den unterschiedlichsten Problemen ihre Hilfe suchten. Im Jahre 1972 gründete sie in der bei Seoul gelegenen Stadt Anyang das Hanmaum Zen-Zentrum, das später in den Chogye-Orden, den Hauptorden des koreanischen Zen-Buddhismus, aufgenommen wurde. Seit mehr als dreißig Jahren lebt sie nun in Anyang und lehrt den Dharma.

Was Nicht-Werden und Werden in seiner Hand hält,
ist das wahre Selbst.